너희 등불을 비추라

# 너희 등불을 비추라
빛으로 성경 읽기

© 김동문

초판 1쇄 인쇄 | 2023년 06월 12일
초판 1쇄 발행 | 2023년 06월 22일

지은이 | 김동문
발행인 | 강영란
편집 | 박관용, 이승훈, 권지연
디자인 | 트리니티
마케팅 및 경영지원 | 이진호

펴낸곳 | 샘솟는기쁨
주소 | 서울시 충무로 3가 59-9 에림빌딩 402호
전화 | 대표 (02)517-2045
팩스 | (02)517-5125(주문)

이메일 | atfeel@hanmail.net
홈페이지 | https//blog.naver.com/feelwithcom
페이스북 | https//www.facebook.com/publisherjoy
출판등록 | 2006년 7월 8일

ISBN 979-11-92794-08-2(03230)

빛으로 성경 읽기

# 너 희
# 등불을
# 비추라

김 동 문  지 음

샘솟는
기쁨

# 누군가의 곁이 되고
# 빛이 되는 이에게

*가나다순*

빛과 등불은 성경을 읽어 온 사람이면 누구나 익숙한 단어이다. 하나님께서 빛을 창조하셨을 뿐 아니라 그분 말씀은 우리 삶의 등불이다. 빛과 등불을 소재로 성경을 이야기한 책은 처음이다. 성경의 배경이 되는 이스라엘과 요르단, 이집트 문화를 몸으로 깊이 체험한 저자의 글이라 생생하게 다가온다. 빛의 자녀로 부름받은 그리스도인들이 갈수록 배제와 혐오가 기세를 떨치는 세상에서 지극히 작은 등불이 되어 살아감이 어떤 뜻인지 되새기게 해 주는 책이라 믿고 추천한다. **강영안** | 한동대 석좌교수

환하고 강한 빛, 주인공을 비추는 스포트라이트? 예수 시대는 그런 빛이 없었다. 등잔 밑만 겨우 밝힐 뿐이다. 이 책은 구

약과 신약 시대의 등불, 성경 인물이 실제 사용한 등불로 성경을 비추어 보여 준다. 저자의 질문이 고정 관념을 깨뜨리고, 빛으로 흔들어 제대로 보게 한다. **권일한** | 교사, 저서 『책벌레 선생님의 행복한 책놀이』 외 다수

이 책의 장점 중 하나는 이해를 돕는 사진과 삽화가 많다는 것. 글만으로, 상상력만으로 그 시대 그 상황을 정확하게 묘사하기 어렵다. 그렇기에 삽화는 빛이 무엇인지 직관적으로 이해하도록 돕는다. 이 책은 한 명의 선교사로서, 한 명의 성도로서 살아가는 것이 무엇인지 생각하게 한 고마운 책이다. **김기남** | 목사, 사가미하라 기독교회

불필요한 단어나 미사여구가 거의 없이 간결하고 담백한 글이다. 덕분에 마음을 집중하여 차분히 읽고 그 의미를 곱씹어 볼 수 있었다. 마치 박물관/미술관에서 오디오 가이드를 빌려 전문가의 설명을 들으면 작품을 보는 시선이 달라지고 감상이 더 깊어지듯이, 저자가 들려주는 해설과 묵상을 보고 읽는 독자들은 이전에 미치지 못했던 말씀의 깊이와 재미와 감동을 맛보게 될 것이다. **김효경** | 목사, 레미제라블 대표, 기도와선교하는공동체 산돌교회

말의 진실성은 사실에 근거할 때 힘을 받는다. 시간적, 공간

적, 그리고 문화적인 차이 때문에 한계를 느끼는 경우가 있어서 사실을 확인해 줄 전문가들이 필요하다. 믿을 만한 전문가 김동문 선교사께서 등불, 성경 곳곳의 흔한 이미지를 가지고 오감으로 느끼고 함께 호흡하도록 꼭 필요한 일을 해 주셨다. 성경을 바로 읽기 원하는 사람들의 필독서이다. **노진준** | 목사, 저서 『예배 사색』 외 다수

영유아 때부터 지금까지 '성경에 대한 보통의 해석'에서 확장하기 쉽지 않은 나에게 신선하고 충격적인 연구 결과를 공유하는 저자는 이번에 등잔의 등불을 들고 성경 시대와 현장에서 말을 걸고 있다. **류가람** | 목사, 미래목회와말씀연구원 사무국장, 생명의길복민교회

신구약 속에 불 밝히는 이야기들이 줄줄이 등장하는데, 유물과 유적, 풍습과 의식에 대한 고증이 제시되고 추론이 이어지고 있다. 등잔과 등불 이야기가 아닌 한국교회 모습을 비추며 신약과 구약의 시편, 이사야, 스가랴, 사무엘서를 넘나드는 지적 깊이가 훌륭하다. 다양한 주석서나 연구를 소개해 성서 탐구를 돕는다. **변상욱** | 대기자, 저서 『두 사람이 걷는 법에 대하여』 외 다수

내 삶의 의미, 개인 신앙과 공동체에 대해 고민이 많은 내게 어떠해야 하는지 생각하도록 한다. 등불 이야기를 하고 있는

데, 끊임없이 아무도 알아주지 않는 일상의 자리에 오신 예수님이 보였다. **송수연** | 전도사

교리 공부에서 문자 그대로 집착하는 오류에 빠지기 쉽다. 그래서 성경에서 전하는 본질을 알아야 한다. 이 책은 성경 시대 등불과 등잔을 통한 새로운 시선이 담겨 있다. 성경의 진짜 의미를 알고 싶은 독자에게 추천한다. **양보미** | 가이드, 이집트 출애굽 성지순례

생활 소품이기에 주목받지 못한 등잔, 등불. 그 존재를 지나치던 우리의 시선을 붙들어 성경 저자들의 다양한 본문을 있는 그대로 읽게 하는 이 책은 단숨에 읽을 일이 아니다. 실체와 실제를 확인하려는 저자에게 온전히 다가가길 바란다. **이태후** | 목사, 필라델피아 빈민 사역

빛에 대한 은유로 가득한 성경이 태동한 고대 팔레스타인에서 그 빛의 실체와 의미가 어떠했는지 상상하는 데 인색하다. 저자는 성서 시대 '등잔'과 '등불'이 어떠했는지 살핀다. LED조명이기보다 스스로 태움으로서 타인의 앞길과 세상의 어둠을 밝히는 등불을 말한다. 제자의 삶을 보여 주는 은유! 오감을 통해 성경을 이해하는 자리로 초대한다. **정한욱** | 안과전문의, 저서 『믿음을 묻는 딸에게, 아빠가』

이 책은 성경에 나오는 등잔, 등불, 빛에 대하여 원래의 모습 같은 세트장으로 복원시킨다. 도시, 등장인물, 소품, 시기, 계절, 시간, 온도, 공기, 습도, 냄새까지 하나도 놓치지 않고, 철저히 고증을 거치듯 복원해 낸다. 우리를 "그때, 그곳"으로 초대한다. **차준희** | 목사, 한세대학교 구약학 교수, 한국구약학연구소 소장, 한국구약학회 회장 역임

어디에 있든지 그 자리 그 땅의 사람들과 함께 있는 사람, 저자는 고대와 현재를 살아가는 그 땅의 사람들의 시선으로 빛을 바라본다. 그들의 일상에서 경험하는 빛은 다른 존재를 드러내고 다른 사람들을 위해 비치는 빛이다. 그가 성경에서 읽어 내고 느끼는 빛은 지금까지 시선에 들어오지 않았던 이들, 식민지 백성, 여성, 이주민, 노예를 두드러지게 한다. **최진영** | 교수, Colgate Rochester Crozer Divinity School(USA) 신약학

저자는 3천 년 전 등잔 이야기로 한 권의 '빛'나는 책을 완성했다. 성경의 "빛이 있으라"는 태초의 장엄한 명령 또는 명분과 당위로 시작하는 대신 손에 잡히는 등잔불을 이 시간 여행의 출발지로 삼은 점이 놀랍다. 그러면서 "너희는 세상의 빛"이라는 선언은 '존재'가 아니라 '역할'이라고 단언한다. **최은** | 영화평론가, 공저서 『청소년 인문학수업』 외 다수

# 차례

# Light to Dispel Darkness

Olive oil lamps served as counterparts to modern light bulbs. They are among the most common artifacts found in villages like Nazareth. Lamps dispelled the mysterious darkness that hid dangers. Jewish communities often used lamps as metaphors for God's care that scatters fear. The psalmist says, "You, O Lord, keep my lamp burning." and, "my God turns my darkness into light" (Psalm 18:28).

어둠을 몰아내는 빛, 워싱턴 DC 성경박물관

# 등잔, 등불, 빛으로
# 다시 읽다

# 프롤로그

　성경 속 빛을 '그냥 빛'으로만 생각했다. 히브리어에서 빛이 이런 단어이고 저런 뜻이며, 헬라어로는 이런 말이고 저런 의미라고 배운 것에 만족했다. 그러던 어느 날 문득 궁금했다. 어둠 가운데 비치는 빛, 성경 속 이 빛은 분명 햇빛도 달빛도 별빛도 아닌데, 대체 어떤 빛일까?

　그러면서 차츰 성경 시대 등잔의 존재를 알게 되었다. 등잔에 대해 넓고 깊은 지식과 깨달음을 갖게 되었다는 말은 아니다. 다만 등잔의 실체와 실제에 대해 무관심하던 나를 발견한 것이다. 이미 이스라엘 박물관뿐만 아니라, 요르단 외 여러 지역 박물관을 수차례 방문하며 고대 시대의 등잔을 봐 왔다. 그

런데도 성경을 읽으면서 어둠 가운데 빛나는 빛과 등잔을 연결
시킬 생각을 못했다.

실물 등잔을 바탕으로 성경 이야기들을 읽어 가자, 조금은
더 성경이 손에 잡히는 듯했다. 어떤 개념보다 일상생활과 관
련된 구체적인 이해에 조금 더 가까이 갈 수 있었다. 그렇다고
고고학의 한 영역인 토기의 유형학(pottery typology) 같은 수준의
이해를 말하는 것은 아니다. 단지 시대와 지역 문명권에 따라
변화하고 발전한 등잔의 모양이나 역할, 상호 교류가 어떠했는
지 알게 되었고, 그것만으로도 큰 유익이었다.

이 책을 쓰면서 실제로 등불을 켜서 냄새를 맡고, 그 빛을
바라보고, 등불이 켜진 공간의 분위기를 느꼈다. 그리고 성경
이야기 속 무대를 떠올리며, 수많은 가상 체험을 시도하기도
했다. 가능한 한 여러 박물관에 전시된 갖가지 고대 등잔들을
기록하고 담아 놓은 1차 자료를 참고하고, 복잡한 학자의 글과
말, 주장을 담지 않았다. 1차 자료에 대한 나의 생각과 입장을
드러내거나 제시하지도 않았다.

그런 점에서 이 책은 한 사람의 성경 독자로서 내 자신이 오
랜 기간 곱씹은 묵상의 기록이라 할 수 있다. 따라서 사람마다
이 글을 다르게 느끼고 생각할 수 있다. 다만 독자 여러분이 그
때 그 자리에 있었다면 무엇을 느끼고 어떻게 반응했을지 떠올

려 보는 수고를 아끼지 않았으면 좋겠다.

시대별 문명에 따라 구별되는 등잔을 바탕으로 성경 이야기를 재구성했다. 특히 어둠을 밝히는 '등잔불' 곧 '빛'을 중점적으로 다루고 있다. 등잔, 등유, 심지, 불씨 등 그 쓰임새를 하나하나 짚어 보며 성경을 읽는 즐거움을 공유하고자 했다. 일상의 시선, 오감과 경험의 관점에서 성경 읽는 맛을 나누고 싶었다.

때로는 성경 속 등잔을 주제로 어떻게 책을 쓰는지, 그럴 만큼 내용이 넉넉한지 묻는 이도 있었다. 등잔과 등불, 곧 빛을 주제로 선택한 이유는 단순하다. 실체와 실제에 바탕을 둔 성경 이해를 하고 싶어서이다. 무엇보다 성경 이야기가 일상에 닿아 있고, 그 삶의 자리를 이해할 때, 우리가 훨씬 더 구체적으로 깨닫는다는 것을 함께 나누고 싶었다.

그 옛날 사람들은 손에 잡히고, 눈으로 보거나 그려 볼 수 있는 것에 친숙했다. 그 실체와 실제가 우리 눈에 들어오고 손에 만져질 수 있다면, 우리에게도 성경이 어떤 개념을 넘어 조금 더 피부에 와닿는 이야기로 다가올 것이라 생각한다.


이 책은 총 다섯 파트로 구성되어 있다.

PART 1 〈빛을 비추라: 등잔, 그리고 빛에 관하여〉는 전체 개요에 해당한다. 우리의 믿음에서 빛이 어떤 의미인지를 생각해 보고 성경에 나오는 등잔에 대한 이해를 다룬다.

PART 2 〈빛을 맞으라: 구약에서 읽는 등잔 이야기〉에서는 등잔과 등불, 빛을 새롭게 조망하고자 했다. 그 옛날 밤에 아주 제한된 곳에서, 제한된 상황에서, 제한된 사람만 사용하던 등잔 불빛을 키워드로 삼아 성경을 새롭게 읽어 본다. 특별히 구약 시대로 시간 여행을 떠난다.

PART 3 〈빛을 발하라: 신약에서 읽는 등잔 이야기〉는 등불, 특히 밤에 빛나는 불빛을 중심으로 신약 시대로의 여행을 안내한다.

PART 4 〈빛이 있으라: 고대 문명과 빛〉에서는 햇빛, 달빛, 별빛, 노을과 먼동, 얼굴빛 같은 '빛'이 이집트 문명권과 메소포타미아 문명권에서 중요한 신의 형상이었다는 이해에 바탕을 두고 성경을 풀었다.

PART 5 〈빛을 밝히라: 무엇이든 드러내는 빛〉에서는 빛은 옳고 어둠은 그르다는 고정 관념을 넘어선다. 빛이 갖는 고발성에 주목해 봤다.

한국교회의 신학은 사실에 바탕을 둔 질문하기, 생각하기에 대해 거의 무관심하다. 주요 신학대학 어디에도 성경 박물관 같은 전시관이나 체험 학습관이 없다. 교회 교육에 사용할 소품을 제공하는 것에도 도통 무관심이다. 신대원에서도 실물 교육, 현장 학습, 체험 학습을 강조하지 않는다.

설교에서도 설교자가 읽은 성경 본문에 나오는 특정 장소나 상황, 사물의 이미지를 활용하지 않는다. 크고 작은 교회마다 갖추고 있는 스크린에는 설교자의 모습만 큼지막하게 화면을 채운다. 그 공간에 오늘 읽는 성경 본문의 무대를 소개하는 영상이나 그림, 사진 등을 채울 생각을 거의 하지 않는다. 실물 설교, 그런 것에 크게 마음을 두지 않는다.

하물며 목회 현장은 더하다. 성경을 알아보겠다며 떠나는 성지순례도 내가 어디에 다녀왔다는 것을 넘어서는 고민이 부족하다. 담임목회자가 여행을 떠나서도 교회 교육에 사용할 실물 자료를 챙기려는 경우는 보기 힘들다. 성경을 배우고 가르치는 이들이 실물과 실물 교육에 관심이 거의 없다.

이 책을 읽으면 등잔, 불, 빛에 대한 실물과 일상 경험을 갖출 때 얻을 수 있는 것이 무엇인지를 알 수 있다. 실체와 실제로서의 '등잔 불빛'에 대한 구체적이고 사실적인 이해는 성경 속 빛에 대한 우리의 이해에 어떤 도움을 줄까? 이런 기대감으로 이 책을 읽어 주기를 바란다.

특별히 이 책을 읽는 독자들이 성경 본문을 펼치면서 급하게 교훈을 찾지 않으면 좋겠다. 자신이 읽는 성경 본문 속 등장인물을 먼저 살펴보면서 읽으면 좋겠다. 그들이 어떤 마음이었을까, 어떤 상황이었을까 떠올리며 읽기를 바란다. 성경은 하나님의 책이지만 동시에 우리와 같은 사람들의 삶을 비춰 주는 책이다.

또한 이야기를 더 풍성하게 하는 소품, 상황 등을 살펴보기를 원한다. 이런 소품들은 사건의 진의나 누군가의 속마음을 드러내는 중요한 단서로 사용되기도 한다. 나아가 조금 어렵겠지만 이야기의 무대를 형성하는 지리를 바탕으로 이야기 전체를 헤아려 보는 여유를 누리면 좋겠다. 악보가 누군가에게는 그저 악보이지만, 그것을 연주하거나 지휘하는 이에게는 소리로 들려진다. 연극이나 드라마, 영화 대본도 어떤 이에게는 입체적으로 눈앞에 생생하게 재현된다. 성경도 그렇게 우리에게 빛으로 다가왔으면 좋겠다.

저자 김동문

〈편집자 주〉 출처 표시되지 않은 사진 : ©김동문

엔게디 지역에서 발견한 기원전 1세기 등잔, 이스라엘 박물관

1. 중기 청동기 등잔(1600~1300 BC), arakatgallery.com
2. 철기 등잔(1200~560 BC), arakatgallery.com
3. 사마리아인 등잔(1세기~3세기 AD), arakatgallery.com
4. 헤롯 왕조 등잔(50 BC~50 AD), arakatgallery.com
5. 초기 기독교 등잔(400~500 AD), arakatgallery.com
6. 사마리아인 등잔(4세기~7세기 AD), arakatgallery.com
7. 사마리아 회당에서 발견한 등잔, 이스라엘 박물관

| 1 | 2 |
|---|---|
| 3 | 4 |
| 5 | 6 |
| 7 | |

PART 1
빛을 비추라

# 등잔, 그리고 빛에 관하여

성경 속 등잔에 관한 개요를 다루고 있다. 우리의 믿음과 등잔 불빛은 어떤 관계가 있는지, 또 성경 속에 나오는 등잔은 실제로 어떠했는지 살펴본다.

길르앗 산지 위로 밝아 오는 아침

불빛이 밝을수록 등잔을 든 사람은
제대로 보이지 않는다.

# 01
# 너희는 세상의 빛이라

"너희는 세상의 빛이라 산 위에 있는 동네가 숨겨지지 못할 것이요"
마 5:14

성경을 읽다가 관련 내용으로 인터넷 서핑을 하거나 이미지 검색을 해 본 적이 있는가? 나는 오랜 시간 그러질 않았다. 다 아는 내용이라고 여긴 것은 아니었지만, 그렇다고 무언가를 검색하고 찾아보고 들여다볼 생각을 못했다. 하루는 문득 성경 속에 등장하는 사물들의 실제가 궁금했다. 그 가운데 하나가 '등잔'이었다.

이스라엘과 요르단의 박물관은 물론 런던의 영국 박물관과 프랑스 파리의 루브르 박물관 등에서 성서 속 등잔의 실물을 확인하고 나서야, 시대별 지역별로 비슷하면서도 다른 특징을 갖고 있다는 것을 알 수 있었다. 그러나 거기까지였다. 실제

사마리아 등잔(3~4세기), 이스라엘 박물관

로 그 등잔을 사용하는 장면을 떠올리려고 하지는 않았다. 그
저 박물관의 유물 정도로 여기며, 나의 성경 읽기에 어떤 연결
을 가질 거라고는 미처 생각하지 못했다. 성경을 통해 그 시대
를 살던 이들의 일상에 다가가야 하고, 또 그렇게 할 수 있다는
깨달음을 전혀 갖지 못했던 것이다.

그러던 어느 날 성경 속 하나님께서 사람들의 일상으로 다
가가 다양한 소품을 직접 활용하며 말씀하고 계신 것을 느꼈
다. 등잔도 하나님의 말씀을 드러내는 중요한 도구로 사용되고
있음을 알 수 있었다.

실제로 등잔에 불을 붙이고, 그 불빛이 비치는 상황과 분위
기를 경험한 이후 내겐 많은 변화가 찾아왔다. 관점이 바뀌면

서 실제를 맛보는 성경 읽기가 시작되었다. 해석의 여지가 여러 지점에서 달라질 수 있다는 것을 깨우치기도 했다.

그 가운데 대표적인 것이 '세상의 빛'에 대한 나의 시선과 깨달음의 변화이다. "너희는 세상의 빛이라"라는 성경 구절을 마주할 때, 내 머릿속에는 고정된 그림이 있었다. 뭔가 성공한 자리, 수많은 사람 앞에서 부러움과 주목받는 상황, 바로 그런 그림이었다.

이 같은 생각은 최소한 등불을 바탕으로 할 때는 적절하지 않았다. 이 말씀을 마주할 때 빛의 개념이나 어원, 성경에 몇 번이나 등장하는지 등을 정리하기에 바빠야 할 일이 아니었던 것이다.

잠시 예수 시대의 등잔에 대해 살펴보자. 어떤 모양이었을까? 헬라 제국, 로마 제국의 것부터 하스모니아 왕조 시대, 헤롯 왕조 시대에 만들어진 것 등 의외로 등잔의 변천사를 통해 다양한 진술이 가능하다.

그러나 생각해 보면, 통치 세력이 바뀌었다고 한들 민간의 등잔 따위가 모두 교체될 리 없지 않은가? 세대가 바뀐다고 곧 바로 용도 폐기가 되는 것이 아니었다. 다만 한 가지 기억할 것은 지금이야 등잔을 경험한 사람이 별로 없어도, 과거에는 문명사적으로 등잔이 '최고의 조명 기구'였다는 사실이다. 더구나 등잔은 흔한, 아무나 쓰는 그런 물건이 아니었다.

여러 모양의 등잔에서 찾아볼 수 있는 특징은 무엇인가? 어떤 점이 가장 인상적인가? 아마도 등잔에 손잡이가 없다는 사실일 것이다. 등잔을 들어 올릴 수 있는 긴 꼬리 부분이 있다고 해도 집어 올리기에 편리하다거나 들고 다니는 손잡이 구실을 하는 것은 아니었다. 더구나 대부분의 등잔은 그 크기가 손바닥에 올려놓을 만큼 작은 편이었다.

실제로 등잔에 불을 붙여 불빛을 밝혀 보았다. 불빛 아래는 그림자가 내려앉아 주위보다 더 어두웠다. '등잔 밑이 어둡다'는 옛 속담에서 알 수 있듯이, 등잔을 들고 있는 사람의 아래뿐만 아니라 뒤쪽도 어두웠다. 등불을 밝히는 사람의 얼굴도 제대로 보이지 않았고, 등잔의 주변만이 밝게 빛났다.

시대에 따른 다양한 등잔들

불빛이 밝을수록 등잔을 든 사람은 제대로 보이지 않는다. 세상의 빛이 되는 것, 등잔에 불을 밝히는 것, 등불을 주위 사람들에게 비춰 주는 것, 그런 행동을 하는 내내 등불을 켠 사람은 어둠 속에서 두드러지지 않는다. 그저 등잔 불빛이 닿은 곳을 사뭇 돋보이게 한다.

"이같이 너희 빛이 사람 앞에 비치게 하여 그들로 너희 착한
행실을 보고 하늘에 계신 너희 아버지께 영광을 돌리게 하라"

(마 5:16)

어둡고 캄캄한 상황일 때, 눈앞이 잘 보이지 않을 때, 오직 나만 손전등이나 스마트폰이 있다면 어떻게 하겠는가? 동행하는 이들이 불편하지 않게 앞길을 비추거나 넘어지지 않도록 그들의 발등을 비추게 될 것이다. 그 상황에서 누가 자신의 얼굴을 향해 불빛을 비추겠는가? 이렇듯 빛은 자신을 드러내지 않는다. 다른 존재를 드러낼 뿐이다. 즉 빛은 '사람 앞에 비치게' 하는 것이지, 다른 사람 앞에 스스로 환한 존재로 빛나는 것이 아니다.

그동안 나는 세상의 빛으로 살아가려면 남보다 더 뛰어나고 돋보이고 모범이 되어야 한다고 생각하고 배워 왔다. 그렇게 배워서 제자와 후배에게 또 그렇게 가르쳤다. 더 좋은 대학, 더

좋은 직장, 더 좋은 성공을 하는 것이 세상의 빛이 되는 것이라 생각했다. 이른바 실패자는 세상의 빛으로 살아가라는 가르침을 실천하지 못한 존재로 여겨 왔다. 그러다 보니 세상의 빛으로 살아가려면 내가 준비되어야 한다는, 일종의 강박을 느끼곤 했다.

그런데 세상의 빛이 되는 자격 조건이 따로 있었던가? 사실 그렇지 않았다. 내가 가진 등불을 밝히는 것에 나의 옷차림이나 생김새, 형편이 중요한 것이 아니었다. 나 자신을 갈고 닦아야 하는 것이 아니었다. 키가 크거나 작거나, 잘 생겼거나 아니거나, 옷차림이 멋있거나 그렇지 않거나 아무런 관계없이 불을 켤 수 있는 것이다.

세상의 빛이 된다는 것은, 내 존재가 바뀌어 빛이 되는 것이 아니다. 내가 가진 등불을 켜서 빛을 비추는 몫을 다하는 것, 그 역할을 실천하는 것이라면 충분하다. 누군가가 나로 인해 자기 삶의 자리를 알아차릴 수 있다면, 힘을 얻어 꿈을 꾸고 숨을 쉴 수 있다면, 우리는 그의 빛이 되어 준 것이다.

세상의 빛이 된다는 것은 내가 가진 등불을 켜서 세상의 다른 이들을 비춰 주는 것을 말한다. 자신이 드러나지 않아도, 누군가를 돋보이게 하며 감춰진 역할을 하는 것이다. 빛을 갖고 있는 자신이 돋보이거나 두드러지는 것을 뜻하는 게 아니다. 내가 주목받기 위해 애를 쓰는 것도 아니고, 남의 주목을 받고

자 '관종 짓'을 하는 것도 아니다. 그러니 빛이 되겠답시고 발광(發光)이 아닌 발광(發狂)하는 짓은 멈춰야 한다.

등잔 불빛은 그저 심지가 닿는 부분, 그 주변을 비출 뿐이다. 앞을 환히 비추는 그런 빛이 아니다. 등잔을 들고 있는 이는 그저 실루엣이나 그림자로 존재할 뿐이다. 그렇게 불 켜진 등잔을 들고 있는 이가 바로 세상의 빛이다. 자기가 스스로 빛이 되는 것이 아니라 그저 빛의 몫을 감당하는 빛이다. 즉, 존재로서의 빛이 아니라 역할로서의 빛이다.

이렇듯 빛이 된다는 것은 감춰진 역할이다. 참 빛의 힘은 빛의 크기나 밝기 정도와는 큰 관련이 없다. 문득 등대가, 어둔 바다에 서 있는 등대가 떠오른다. 그 존재가 드러나지는 않지만 바닷길을 가는 이들에게 길이 되는 빛을 비추는 것, 그것이 세상의 빛으로 살아가는 삶이 아닌가 싶다.

## 02
# 등잔에 대한 짧은 이해

잠깐, 등잔에 대한 이해를 넓힐 필요가 있다. 늘 그렇듯이 일반화하는 오류를 피하면서, 성경 이야기를 읽기 위해서는 응용할 수 있는 기본 이해를 갖춰야 한다.

부유한 집에서나 밝힐 수 있는 등불

무엇보다 모든 이들이 이 같은 문명의 혜택을 누리며 살았다고 전제할 필요는 없다. 그 시대 문명사에 기록될 만한 산물 중 하나가 등잔이기 때문이다. 수도, 전기, 가스, 라디오, TV, 인터넷 같은 문명의 이기들이 일반에 소개되었을 때 모든 사람이 그 혜택을 공평히 누리지 못하는 것처럼, 그 시대도 그랬다.

전기도, 라이터도, 성냥도 없던 시절에 불을 밝히기 위해서 무엇이 필요했을까? 흔히 양초를 생각하겠지만, 밀랍으로 만든 양초를 사용한 것은 예수 시대보다 훨씬 이후의 일이다. 그 시대에 가장 중요한 조명은 등불이었다. 등잔에 기름을 붓고 심지를 달아 불을 밝히는 것이다. 조금 먼 거리를 이동할 때 들고 다니는 등 같은 것은 아직 없었다.

야외 조명이 필요할 때는 횃불을 밝혔다. 대부분의 등잔에는 바람막이가 없었다. 만일 그런 등잔을 들고 이동한다면 뛰지도 못하고, 꺼질 새라 손으로 바람을 막아 가며 노심초사해야 했을 것이다.

## 옛 시대와 등불

성경을 읽을 때 등불, 등잔이라는 표현을 마주하면서, 그 실물의 불빛과 냄새, 색감을 떠올려 본 적이 있는가? 어쩌면 이 책을 읽는 독자 가운데 남폿불, 호롱불, 화롯불의 추억과 기억을 가진 이도 있을 것이다. 그 불빛과 온기, 냄새를 기억하는가? 궁핍한 살림에 좋은 기름을 쓰지 못해 퀴퀴한 냄새가 가득한 방 안 분위기를 떠올리는 이도 있을 것이다.

구약 시대와 신약 시대는 어떠했을까? 어떤 것으로 방 안의 어두움을 밝혔을까? 그것은 등잔불이었다. 시대에 따라, 계층과 계급에 따라 사용하는 기름이 달랐다. 가장 좋은 기름은 올리브기름이었다. 좋은 향기와 은은한 불빛을 내는 올리브기름은 왕실, 고위 관료들과 부유층의 전유물이었다. 서민들은 질 낮은 동물성 기름을 사용하곤 했다. 때문에 그을음과 탁한 냄새가 방 안에 가득했다.

몇십 년 전에도, 아니 지금 이 시간에도 세상 어딘가에는 문명의 혜택을 두루 누리지 못하는 사람들이 있다. 예수 시대도 그랬다. 무언가를 태워야만 밝힐 수 있는 불빛은 모든 가정에 자리 잡은 것이 아니었다.

## 등불의 밝음

성경 시대를 살아가던 이들 가운데 어둔 밤을 밝히는 불빛을 누린 이는 얼마나 되었을까? 고대 이스라엘 팔레스타인 지역에서는 여유가 있는 집에서나 등잔불을 밝힐 수 있었다. 그들 중 상당수가 어두운 밤을 밝힐 빛을 누리지 못했다. 이는 어느 시대나 마찬가지이다. 불 또는 불빛은 문명의 혜택이었으며, 부와 권세의 또 다른 표현이기도 했다. 절대 다수의 서민은 그저 달빛과 별빛에 의지해 생활했다. 그 옛날, 서민의 밤은 그야말로 캄캄한 밤이었다.

당시 일반적인 집에는 오늘날과 같은 넓은 유리창이 없었다. 환기구 기능을 가진 들창이라 부르는 지붕과 벽 사이의 틈새가 있을 뿐이었다. 낮에도 서민들의 방 안은 어두웠을 것이다. 대낮이라고 해도 그 작은 구멍으로 들

헤롯 왕조 시대 등잔(50 BC~50 AD), barakatgallery.com

어오는 빛은 얼마 되지 않았을 것이다. 그 방 안에 잠시 햇살이 비치기라도 했다면 어떤 기분이었을까?

또 방바닥은 시멘트가 발라져 있기는커녕 그거 흙으로 된 맨바닥이었다. 흙바닥이나 다름없던 방바닥에 등불을 두지는 않았다. 가능하면 그 불빛이 넓게 비추도록 높은 곳, 이를테면 등잔대 위에 올려 두거나 천장 가까이 매달아 놓았다.

해가 지고 나면 그야말로 검은 밤을 살던 그들, 대낮이라고 해도 집 안에서 빛을 보기 힘들었던 그들, 그것이 일상이었다. 그래서 빛의 '밝음'을 넉넉하게 알고 있었다. 어둔 밤에 비추는 불빛이 주는 밝음은 당시 사람들에게는 그야말로 '눈부심' 같은 것이었다.

### 등잔에 필요한 것

등불을 밝히려면 무엇이 필요할까? 먼저 등잔이 있어야 한

다. 또한 심지와 기름이 필요하다. 이 세 가지만 갖추면 등불을 밝히는 데 문제가 없을까? 아니다. 불을 댕기는 불꽃이 필요하다. 불을 붙여 주는 불씨가 없으면 등잔을 갖추어도 아무 소용이 없다. 등잔이 어둔 밤을 밝히며 빛을 내려면 불씨가 있어야 했다.

그 옛날 불씨는 아주 소중한 것이었다. 여유 있는 집이라면 자주 불을 피워 요리를 하거나 난방을 했기에 불씨가 늘 있었다. 그렇지만 대부분의 그렇지 못한 사람들은 불씨를 간직할 수 없었다. 필요할 때 가끔 불을 피우는 정도여서 그때그때 불씨를 만들어야 했다. 아마 부싯돌을 이용하여 불을 만들어 내곤 했을 것이다. 불씨를 보관한다는 것은 그만한 수고와 경제력이 있어서 가능한 일이었다.

등잔에 기름을 떨어뜨리지 않고 제때제때 채우려면 기름을 담아둘 기름 그릇도 있어야 했다. 흙을 구워 만든 병은 등잔에 넣을 기름을 담아 두기에 요긴한 물건이었을 것이다. 이렇게 토기로 만든 것도 귀했으니, 유리로 만든 기름병은 얼마나 더 귀했겠는가?

## 등잔의 변화

등잔은 진흙으로 만들었다. 틀에 흙을 이겨 넣어 윗부분과 아랫부분을 찍어 내고, 그 둘을 붙인 다음에 불에 구워서 만들

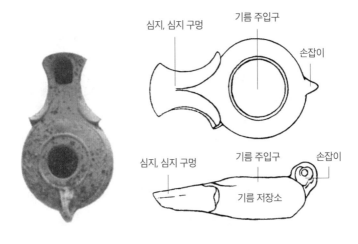

심지, 심지 구멍    기름 주입구    손잡이

심지, 심지 구멍    기름 주입구    손잡이

기름 저장소

일반적인 등잔 구조

었다. 등잔을 만드는 틀은 주로 돌을 깎아서 사용했다. 등잔의 구조는 기름 구멍, 심지, 심지 구멍, 손잡이, 등잔 바닥, 등잔 덮개 등으로 이루어져 있다.

등잔은 덮개가 없던 형태에서 점점 덮개가 덮이는 형태로 변모해 갔다. 길게 거슬러 올라가면 구약 시대는 덮개가 없는 형태의 등잔이었다면, 신구약 중간 시대를 거치면서 덮개가 생기고 크기도 이전보다 대부분 작아졌다.

김동문 선교사에게 큰 빚을 지고 산다. 이슬람 세계와 무슬림들을 그들의 눈높이, 그들의 가슴 높이로 바라보지 못하고 아는 척 했던 나를 깨뜨려 준 사람이다. 성서를 '아시아의 눈'으로 읽어보려기를 쓰던 내게 '중근동의 눈'으로 성서를 읽어 보겠냐며 다른 쪽 창을 열어 준 것도 저자이다. 이제는 더 당할 게 없겠지 했는데 이 책으로 또 무너지는 듯하다. 최근 팔레스타인 동전을 주제로 강연하며 돈으로 성서 속 시대를 설명하더란 소식을 전해 듣고 '이건 또 뭐지?' 했는데 이번에는 '등잔'을 소재로 해 우리를 성서 속 그 시대로 안내한다.

신구약 속에 등장하는 불 밝히는 이야기들이 줄줄이 등장하는데 유물과 유적, 풍습과 의식에 대한 고증이 제시되고, 고증에 의한 추론이 이어지며 탐구 정신에 감각적인 상상력을 얹는 특출한 능력이 발휘된다.

"불빛이 밝을수록 등잔을 든 사람은 제대로 보이지 않는다. 세상의 빛이 되는 것, 등잔에 불을 밝히는 것 … 비추는 사람은 내내 어둠 속에서 두드러지지 않는다."

빛을 비추는 사람이 된다고 하면 높은 위치, 추앙받는 자리에 오른 꽤나 자긍심 가득한 사람으로 여기던 편협함은 얼마나 부끄러운가. 그렇게 편견을 깬 뒤 저자는 한국교회에 물음을 던진다.

"나의 등잔은 준비되어 있는가?

기름은 채우고 있는가?

심지가 다 타버리지는 않았는가?

심지에 불을 붙일 불씨는 준비되어 있는가?

등불을 켜 놓고 덮어 두고 있지는 않는가?

좋은 것은 나만 누리려고 하지는 않는가?"

등불 하나 켰을 뿐인데로 끝날 이야기가 아니다. 등잔, 기름, 심지, 불씨
… 그리고 우리 자신. 이 각각은 한국교회가 곱씹어 볼 진지하고 묵직한 주제
이고 저자는 그 주제 하나 하나에 등불을 켜 비추며 우리의 성찰을 돕는다. 그
러나 내가 또 한 번 받는 충격은 이것이 아니다. 그 앞에 있는 짧은 한 마디.

"실제로 등잔에 불을 붙여 불빛을 밝혀 보았다."

성서를 궁구하며 글로 이야기를 쓰려고 성서 속에 등장하는 등잔을 찾고
거기에 기름을 담아 불을 붙여 보다니. 저널리스트로 자처해 온 나 자신의 허
술한 뒷모습을 발견한 듯 부끄러웠다. 기본을 갖추고 기본을 지키면 맑아지고
거울 같아진다더니 정말 뒷모습까지 비추어 낸다. 등잔과 등불의 이야기가 아
닌 지금 한국교회의 모습을 비추며 우리의 이야기로 이끌어 가는 저자의 내
공이 순후하다. 신약과 구약의 시편, 이사야, 스가랴, 사무엘서를 넘나드는 지
적인 깊이도 훌륭하다. 거기에 다양한 주석서나 연구를 소개해 성서에 대한
진지한 탐구를 돕기도 한다. 고맙고 반가운 책이다.

변상욱 | 대기자

# 구약에서 읽는
# 등잔 이야기

구약 시대로 시간 여행을 떠난다. 그곳에서 말씀이 내 발의 등이 되게 하시는 하나님, 우리가 등불을 켜도록 불을 주시는 하나님, 꺼져 가는 심지를 끄지 않으시는 하나님, 기름을 무한 충전해 주시는 하나님, 약속의 불씨를 지켜 주시는 하나님, 한밤중에도 불을 밝히는 잠도 없으신 하나님을 만날 것이다. 어린 사무엘의 등불 되시는 하나님, 타는 등불로 제물을 인증해 주시는 하나님, 이방의 빛이 되게 한다 약속하시는 하나님, 회복의 새 아침을 안겨 주시는 하나님, 적의 눈을 어둡게 하신 하나님, 지도자를 횃불 삼아 적을 태우시는 하나님이 함께하신다.

사마리아인 등잔(2~4세기 AD),
barakatgallery.com

철기 시대 등잔(1200~1000 BC),
barakatgallery.com

등불을 커지 않는 지성소는
거룩하지 않은 공간인가?

# 03
# 말씀이 내 발의 등이 되게

"주의 말씀은 내 발에 등이요 내 길에 빛이니이다"
시 119:105

이 시편 본문을 읽었을 때, 처음 떠오르는 이미지는 앞길을 환하게 비추는 밝고 강한 빛이다. 이 구절을 읽으면서, 또 수없이 암송하면서도 실제 등잔을 떠올려 본 적이 없었다. '등', '등잔'이라는 단어에 눈길이 가지 않았다.

빛은 당연히 빛이라고만 생각했다. 구체적인 어떤 빛을 연상하지 않았다. 하나님의 말씀이 현실을 살아가는 그리스도인으로 하여금 평가와 판단, 충고와 조언의 원천이어야 한다는 확신만 갖고 있었다. 하나님의 말씀, 성경은 미래를 선명하게 보여 주는 능력이 있다고 생각한 것이다. 하나님의 말씀만 제대로 알면, 개인과 공동체의 미래를 넉넉하게 볼 수 있다는 식이다.

청년 시절에는 이 구절을 근거로 "형제가 미래에 대해 걱정하고 염려하는 것은 말씀이 부족하기 때문이야. 하나님의 말씀을 알면, 불확실해 보이는 미래가 분명해질 텐데, 말씀에 더 열심을 내면 좋겠어"라는 식의 조언을 듣거나 다른 이에게 그렇게 전한 적이 적지 않았다.

그것은 적절하지 않았다. 박물관과 다른 공간에서 구약 시대, 청동기 시대의 등잔을 볼 수 있었다. 그 심지에 불을 붙이고 등불을 밝히고 나니 그 빛은 전혀 앞을 비추지 못하는 것을 새삼 볼 수 있었다. 그저 발치만 겨우 비추는 것이었다.

혹시 이 글을 읽는 여러분도 등불을 밝혀 본 적이 있는가? 아니면 촛불을 켜 본 적이 있는가? 아니면 사극에 나오는 청사초롱 불빛을 떠올려 볼 수도 있을 것이다. 횃불도, 램프 불도 앞을 훤하게 비추지 않는다. 불빛 주변을 겨우 밝혀 줄 뿐이다.

시편의 시인이 노래한 그 시절, 시인은 물론 그 시대를 살던 이들과 그 후대를 살던 이들 모두 떠올리던 등불은 내가 생각하던 그런 것이 아니었다. 앞을 비추는 불빛이 아니라 등잔을 들고 있는 나의 발치를 밝혀 줄 뿐인 빛이었다. 우리 앞을 훤하게 비춰 주는 그런 것이 전혀 아니었다.

이는 성경 시대의 여러 등잔불도 마찬가지였다. 시편 119편의 시인은 하나님의 말씀을 그런 '등불'로 표현했다. 이 구절은 이렇게 다시 적을 수 있겠다. "주의 말씀은, 내 발에 등잔이요

구약 시대(청동기 시대) 등잔

내 길에 등잔 불빛입니다." 하나님의 말씀이 등불이라는 시인의 고백은 어떤 의미일까? 하나님의 말씀은 어떤 존재라는 것일까? 궁금증이 생겼다.

이 시편의 배경이 되는 3,000년 전, 그 당시 등잔에 대해 생각해 본다. 이스라엘 왕국 시대에 사용되던 등잔은 둥근 그릇의 한 끝을 오므린 것과 같은 모양이었다. 진흙을 구워서 만들었다. 다소 볼록한 형태로 앞쪽에서 뒤쪽까지의 길이가 12센티미터, 넓이는 20센티미터, 깊이는 4.5센티미터 안팎이었다. 이런 형태의 등잔은 기원전 1,200~800년 사이에 사용했다. 분열 왕국 시대에는 남북이 비슷하면서 사소한 차이가 있기도 했다. 특히 남왕국 유다의 등잔은 등잔 받침이 있었다.

앞서 언급한 것처럼 이 등잔으로 불을 밝힌다면 그 빛은 겨우 등잔을 들고 있는 이의 발등 정도를 비춰 줄 것이다. 우리나라의 청사초롱과는 비교할 수 없을 만큼 그 빛이 감싸는 범위가 좁디좁은 빛이었다. 등잔 주위 전체보다 심지가 달린 앞쪽, 곧 등잔 앞 쪽을 밝혀 주는 것이다.

그러므로 등잔 불빛으로 비유되는 주의 말씀은 등불을 켠 자, 말씀을 간직한 자가 겨우 발을 헛디디지 않을 만큼만 주변을 둘러볼 수 있도록 눈을 열어 준다는 것이다.

다른 이의 자리, 삶의 형편이나 미래가 아니라 지금 이곳, 내가 있는 곳, 그리고 한 발 앞, 가야 할 방향만큼은 비춰 준다는 뜻을 담은 것이다. 자그마한 크기의 등불을 들고서 힘껏 앞으로 달려가는 것이 아니다. 등불이 꺼지지 않도록 조심하며 발을 내디뎌야 한다. 늘 주변을 살피며 조심해야 한다.

그 옛날 바깥길을 다닐 때 등잔이 꼭 필요하지는 않았다. 길을 갈 때 등잔을 들고 다닌 것도 아니었다. 먼 길을 가는 이를 위한 휴대용 등불이 있지도 않았고, 필요하지도 않았다. 바깥 환경에 적응된 눈은 밤길을 가는 데 필요한 정도의 시야는 갖췄기 때문이다. 가로등이 없는 한적한 길이나 산길을 오간 경험이 있는 사람이라면 알 수 있을 것이다.

등불을 밝힌다는 것은 지금의 자리를 알기 위함이다. 따라서 앞날에 대해 선명한 밑그림을 갖지 못한 것이 하나님 말씀을 모르기 때문이라고 판단할 이유도 없다. 이 구절은 그런 판단의 근거가 아니다. 하나님의 말씀은 우리의 앞날을 밝혀 주기 이전에 우리가 있는 자리를 분별하도록 돕는다.

내 발에 등잔이며 내 길에 등불인 하나님의 말씀은, 자동차 내비게이션 같다. 내비게이션은 멀리 단번에 안내하지 않는다. 내비게이션을 작동한 채 차를 운전하는 장면을 떠올려 보자.

내비게이션에 행선지를 표시하지 않으면, 운전자가 있는 위치만을 지도에서 알려 준다. 지금 어디에 있는지를 보여 준다. 행선지를 입력하면, 지금 자리에서 진행 방향을 표시하고, '전방 6미터 앞의 나들목에서 내리시기 바랍니다.'라고 안내한다. 이렇게 내가 지금 어디에 있고, 어느 방향으로 얼마만큼 가야 하는지, 얼마나 달려야 행선지에 도착하는지를 알려 주고 있다.

우리 삶이 어디로 가는지 몰라도 '지금 여기'가 어딘지 안다면, 내가 자리한 곳을 안다면, 지금 내가 무엇을 해야 하는지 알수 있다. 지나온 길도, 나아갈 길도, 보이지 않을 만큼 먼 길까지 안내하지는 않는다. 등불이 아주 먼 곳까지 미리 비추지 않는 것처럼. 물론 지나온 그곳도, 나아갈 거기도 중요할지 모른다. 그러나 '지금 여기'를 알지 못한다면, 지금 등불을 밝혀서 그 빛의 도움을 누리지 못한다면 아쉬울 따름이다.

우리의 일상은 갈 곳을 알아도 갈 바를 알지 못한다. 하고자 하는 목표가 있어도 이루고자 하는 꿈이 있어도 어찌할 바를 모를 때가 있다. 그래도 지금 여기에서, 내가 할 수 있는 것, 하고 싶은 것, 해야 할 것을 분별하면서 그저 한 걸음 한 걸음 나가다 보면, 어느새 내가 기대하던 곳으로 그 자리에 다가갈 수 있지 않겠는가.

어떤 면에서 내 발치를 밝혀 줄 뿐인 등불 같은 하나님의 말씀은, 나와 우리의 길잡이인 하나님의 존재와 역할을 확인할 수 있는 중요한 증거이다. 일상 속에 늘 곁에 있으면서, 반걸음 아니면 한발 앞서 이끌어 가시는 그런 존재, 거칠게 표현한다면 임마누엘을 느끼게 하는 것일지 모른다.

다윗은 자신과 함께하며 등불이 되어 주신 하나님을 이렇게 고백했다. "여호와여 주는 나의 등불이시니 여호와께서 나의 어둠을 밝히시리이다"(삼하 22:29) 하나님이 자신의 등불을 직접, 친히, 손수, 스스로 켜 주신다고 고백한다. "주께서 나의 등불을 켜심이여 여호와 내 하나님이 내 흑암을 밝히시리이다"(시 18:28)

등잔이 있어도 기름이 없으면 불을 켤 수 없다. 기름을 채운 등잔이 있어도 심지가 없으면 등불을 밝힐 수 없다. 기름 채운 등잔에 심지가 놓여 있어도 불씨가 없으면 불을 켤 수가 없다. 그런 나의 등잔에 불씨를 붙여 주는 이가 계시니, 바로 하나님이신 것이다.

마침내 다윗은 "여호와는 나의 빛이요 나의 구원이시니 내가 누구를 두려워하리요 여호와는 내 생명의 능력이시니 내가 누구를 무서워하리요"(시 27:1)라고 노래했다. 지금 우리는 질문

해야 한다. 스스로 이렇게 물어야 한다.

나의 등잔은 준비되어 있는가?

기름은 채우고 있는가?

심지가 다 타버리지는 않았는가?

심지에 불을 붙일 불씨는 준비되어 있는가?

등불을 켜 놓고 덮어 두고 있지는 않는가?

좋은 것은 나만 누리려고 하지는 않는가?


주의 말씀이 내 발의 등이라고 고백하면서, 다른 이의 발등을 스스럼없이 찍고 있는 것은 아닌가? 하나님의 말씀을 가까이 한다면서, 묵상하고 적용하며 산다면서, 하나님의 인도를 받는다면서, 다른 이에게 걸림돌이 되거나 거침돌이 되는 경우를 주변에서 보게 된다. 말씀으로 비춤을 받는다는 이들이, 현실에 어둡고 분별력 없는 모습을 보일 때 마음이 힘들다.

우리에게는 여전히 물어야 할 것이 많다. 세상의 빛이라 고백하는 어떤 그리스도인의 모습이 누군가의 삶에 어두운 그림자를 안겨 주기도 하는 일상을 살고 있기 때문이다. 또한 놓치고 싶지 않은 것이 있다. 그것은 내 발에 등이 되는 하나님의 말씀, 곧 개인적이고 인격적인 존재로 우리와 함께하며 길을 같이 걷겠다 약속하시는 하나님의 말씀이다.

# 04
# 등불을 켜도록 불을 주셨다

"일어나라 빛을 발하라 이는 네 빛이 이르렀고
여호와의 영광이 네 위에 임하였음이니라"

사 60:1

등잔 받침대 또는 벽면에 올려 둔 등잔

성경을 읽으면서, 특정 단어나 표현을 깊이 곱씹는 식의 묵상을 할 때가 많다. 성구 암송을 하면서도 그 구절의 전체적인 상황을 눈앞에 그려 보거나 하지 않는다. 그런데 성경에는 일상을 묘사하는 많은 것이 있다. 그저 자연스러운 상황 묘사가 그것이다.

우리가 먹고 마시고, 카페에 가고, 식당을 이용하고, TV를 보고, 드라마나 영화를 감상하는 행위 하나하나는 자연스럽게 이뤄지는 경우가 많다. 이런 일상을 어떤 심오한 뜻이 담겨 있는 것마냥 매사 모든 것을 해석하려 한다면, 지나치다.

그런데 그렇게 풀이하는 성경 이야기가 많다. 자연스런 시선으로 우리에게 너무나 익숙한 이사야의 "일어나라 빛을 발하라"라는 구절의 뜻을 짚어 본다. 어떤 거창한 뜻이나 심오한 개념이 담긴 것으로 풀이하지 않고, 그저 자연스러운 일상으로 보면 어떨까 싶다.

여러분과 같이 떠나는 시간 여행은 2,700년 전 유대 땅 예루살렘 지역이다. 등불을 켜는 과정을 목격하면, 오늘 이사야가 그려 주는 이 장면이 생생하게 다가올 것이다.

우선 어느 기독교 방송에서 들었던 설교의 한 대목을 소개한다. 방송 설교에서 나이가 많지 않은 어떤 담임목사가 이같이 설교했다. 이런 내용은 그리스도인에게 아주 많이 익숙한 설교이다. 놀랍지 않다.

"새해를 맞이하여 하나님께서는 우리에게 두 가지 명령을 주셨습니다. 일어나라, 빛을 발하라. 우리가 빛을 발하려면, 빛으로 살아가려면 일어나야 합니다. 일어나라는 주님의 명령은 (중략) 베데스다 연못가의 38년 된 병자가 자리를 들고 일어난 것 같이, 일어나야 합니다."

이사야 60장의 주제는 특정한 한 사람이 아니라 예루살렘을 의인화한 것이다. 예루살렘이 등불을 밝히게 될 것이라고, 어둔 밤에 등불처럼 빛날 것이라고, 등대처럼 그 몫을 다할 것이라고 그리는 듯하다. 그런데 여기서 말하는 빛은 어떤 빛이었을까? 어둔 밤을 밝혀 주던 등불이다. 성경에서 빛을 발한다는 표현은 '등불을 켜다'라는 의미로도 사용되는 경우가 적지 않다. 이 본문과 조금 시차가 있지만, 마태복음 5장에 나오는 예수의 '세상의 빛' 설교에도 등불을 켜는 것으로 나온다.

잠시 이사야 선지자가 살던 2,700년 전의 등잔, 등불 켜기에 눈길을 돌려 본다. 등잔과 등불 켜는 것은 시대에 따라, 지역과 계층에 따라 달랐다. 마치 옛 시절 한국 사회에서도 불을 켜는 수단이나 도구, 방법이 달랐던 것처럼 말이다. 무엇보다도 당시 등불을 켜고 살 수 있는 사람은 유력자나 권세가에 국한되었다. 등잔은 당시로서는 최고의 조명 기구였다. 그래서 가장 단순한 경우를 떠올려 본다.

등잔은 등경 위에 올려 둔다. 나무나 금속으로 만든 등잔 받침대나 벽에 돌출된 등경이 있었다. 이 등경 위에 놓인 등잔에 등불을 켜려면 어떻게 해야 할까? 등불을 켜려면 무엇이 필요했을까? 등잔, 기름, 심지, 불씨가 필요했다. 그런데 불씨가 큰 문제였다. 그 오랜 옛날에는 어떻게 불씨를 이용하여 불을 피우고 등불을 밝힐 수 있었을까? 집 안에 화로라도 있는 여유 있는 집이라면 그 불씨를 이용할 수 있었을 것이다.

이제 불씨가 있다고 생각해 보자. 그 불씨를 가지고 등잔을 켜 보자. 어떤 연속 동작이 떠오르는가? 먼저 등잔이 바닥에 놓여 있지 않았던 것을 떠올려야 한다. 등잔은 등경 위에 있다. 이 등잔에 등불을 켜려면 어떻게 하면 될까? 어렵게 생각할 필요가 없다. 일어나야 한다. '일어나서' 등잔에 다가서서, 불씨로 심지에 불을 붙이면 된다.

따라서 "일어나라 빛을 발하라"라는 이사야의 메시지는 자리에서 일어나 등불을 켜는 연속 동작을 떠올려도 좋다. 단순한 시각적인 묘사로 보는 것이다. 이때 '일어나라'라는 단어에 대해 깊이 묵상할 것이 아니다. 물론 묵상은 개인의 자유이지만, 이 등불 켜는 장면 묘사에 나오는 일어남은 불을 켜기 위한 아주 자연스러운 행동일 뿐이다.

다른 예를 들어 보자. 우리가 밖에서 집에 들어가려면 어떻게 하는가? 문을 열고 집 안에 들어가면 된다. 이때 '문을 연다'

라는 표현을 깊이 묵상할 것이 아니다. '들어가다'라는 표현도 묵상 소재가 아니다. 또 운전을 하려면 어떻게 해야 하는가? 차 문을 열고 운전석에 앉아 시동을 걸고 운전하면 된다. 이때 운 전석에 '앉다'라는 표현에 대해 깊이 묵상할 필요가 없다.

다시 등불을 밝혀 주는 불씨에 눈길을 돌려 보자. 본문의 '네 빛'이 이르렀다는 말은 '우리의 등불이 우리에게 주어졌다' 라고 읽을 수 있다. 이사야 60장 1절은 "일어나, 등불을 켜라. 네 등불이 왔어"라는 이야기인 것이다.

하나님이 우리에게 등불을 주셨으니 우리는 등불을 켤 수 있다. 하나님이 우리의 불빛 되시니 우리는 빛날 수 있다. 우리 가 빛으로 살아가도록 하나님이 우리에게 불씨를 주셨고, 이 빛은 제 자리에서 빛나며 제 몫을 다하는 빛이다. 거기 있음으 로 다른 이가 자신의 위치를 알고 반응하도록 돕는다. 항공기 의 비행을 돕기 위해 고층 빌딩에서 빛나는 붉은빛 항공장애등 같은 역할을 하는 것이다.

어두운 밤에 빛나는 우리의 등불은 세상을 감시하는 탐조 등이 아니다. 그런데 교회가 세상을 감시하려고 탐조등을 켜는 것만 같다. 교회가 가진 기준으로 평가하고 판단하기에 빠르 다. 또 그 기준에 못 미친다 싶으면 배제하고 혐오하거나 그들 의 접근을 가로막기도 한다.

잊지 말아야 한다. 세상의 빛으로서 교회는 세상 속에 있어야 한다. 하나님께서 그 빛을 교회에 주셨다. 그저 제 자리에서 묵묵히 빛나면 되는 것이다.

나아가 내가 밝힌 등불은 멀리서도 볼 수 있다. 어둔 밤의 작은 빛, 등잔 불빛은 그 크기와 상관없이 빛을 낸다. 밝기의 정도가 문제될 리 없다. 불빛 그 자체가 그 빛을 바라보는 이의 위치를 알려 주고, 가야 할 방향을 가리킨다. 그 불빛을 따라 다가올 수 있고, 그 불빛을 나침반 삼아서 가야 할 곳으로 갈 수 있다. 우리의 시선, 눈길을 열어 준다. 등불이 되는 것, 등불을 켜는 것 그것은 공적인 존재로 자리 매겨진 하나님의 백성의 운명이다.

# 05

# 꺼져 가는 심지를 끄지 않는 하나님

"상한 갈대를 꺾지 아니하며 꺼져가는 등불을 끄지 아니하고
진실로 정의를 시행할 것이며"

사 42:3

기름이 없어서 꺼져 가는 등잔 심지

오늘 여러분과 같이 떠나는 시간 여행은 2,700년 전 유대 땅 예루살렘 지역이다. 갈대밭도 다녀와야 하고, 등불을 밝히고 있는 가정이나 왕궁, 공공시설도 찾아보게 된다.

오랜 시간 신앙생활을 이어 온 내게 '꺼져 가는 등불을 끄지 않으시는 하나님'이라는 표현은 무척 익숙했다. 처음에 나는 이것을 예수의 말씀으로만 생각했다. "상한 갈대를 꺾지 아니하며 꺼져가는 심지를 끄지 아니하기를 심판하여 이길 때까지 하리니"(마 12:20)라는 예수의 말씀은 마태복음 12장 20~30절에 나온다.

이 말씀에는 다양한 사람들이 등장한다. 예수, 제자들, 바리새인들, 한쪽 손 마른 사람, 어떤 사람들, 많은 사람들, 병든 사람들 등이다. 이 말씀은 갈릴리 호수 가까운 어떤 지역의 밀밭과 회당 안팎을 무대로 한다. 밀밭에서 이삭을 잘라 먹는 장면을 생각해 보면, 이것은 밀 수확을 앞둔 3월 하순의 어느 날이었을 것이다.

한편 이사야 42장 1~25절은 다양한 배경이 바탕에 깔려 있다. 우선 본문이 길다. 자연환경, 일상생활, 지정학적 이해, 서사, 역사 현실과 경험, 체험, 이해 등이 뒤섞여 있다. 예수께서 이 이사야 본문을 인용한 것이라는 사실을 나중에야 알았다. "아니, 성경의 관주에 다 적혀 있는데 그것도 몰랐냐"라고 반문할 이가 있을지 모른다.

그런데 정말 몰랐다. 아니 주의를 기울이지 않았다. 여하튼 예수께서 인용하신 이사야 본문의 맥락을 알고 싶었다. 이사야 42장 1~7절과 마태복음 12장 20절을 등잔을 중심으로 풀어 본다. 먼저 본문을 살피기 전에 잠시 눈으로 떠올려 보자. 꺼져 가는 심지를 떠올리며 그 냄새와 소리, 색감을 그려 보자.

이사야의 이야기에 나오는 등잔불과 예수와 제자들이 떠올렸을 등잔은 시간의 간격만큼이나 모양이 달랐을 것이다. 그러나 등잔의 모양은 달라도 꺼져 가는 심지가 주는 느낌은 마찬가지 아니었을까? 그렇다면 이 두 본문이 공유하는 꺼져 가는 등불을 끄지 않으시는 하나님은 어떤 분인가?

이사야 42장 3절은, "상처 난 갈대를 부러뜨리지 아니하며, 꺼져 가는 등불을 없애지 않는다" 정도로 이해할 수 있다. 여기서 꺼져 가는 등불로 옮긴 것은 꺼져 가는 심지, 연기 나는 심지를 말한다. 이것은 꺼져 가는 등불 자체를 의미하기도 하지만 동시에 바람 앞에 등불과 같은 처지에 있는 개인 또는 사회, 나라를 뜻하기도 한다.

연기 나는 심지는 바람 앞에 꺼질 듯 흔들리는 운명에 처해 있던 이스라엘을 그리고 있다. 이사야, 예레미야, 스가랴 할 것 없이 구약 시대의 선지자들은 나라가 무너지고 깨어지고 바람에 꺼질 듯 위태롭게 흔들리는 등불 같은 상황 속에 하나님의 말씀을 전했다.

이미 등잔불이 꺼져 간다. 왜 그럴까? 바람 때문인가? 아니다. 등불은 바깥 공간에서 밝히던 그런 것이 아니었다. 실내에서 사용하던 것이었다. 궁궐이든 권력자의 집이든 실내에서 바람이 불어 등불이 꺼지는 것을 떠올리는 것은 적절하지 않다.

그렇다면 왜 등불이 꺼져 가고 있는 것일까? 기름이 떨어질 때 그렇다. 기름이 떨어지면 그을음이 커지고 냄새는 독해진다. 심지에 붙어 있는 불빛이 희미해지고 달랑달랑한다. 위 이사야 말씀은 바로 그 장면을 그리고 있다.

이 상황을 해결하는 방법은 무엇일까? 당연히 기름을 채우는 것이다. 간단한 방법이다. 이 말씀은 하나님께서 멸망 직전의 이스라엘에 하나님의 사람을 보내서, 기름을 채워 주시고 다시 한 번 기회를 주시겠다는 하나님 스스로의 다짐이자 공개적인 선언이다. 꺼져 가는 이스라엘의 빛이 되어 주시겠다는 표현이다.

난방 시설이 변변찮던 시절, 꺼져 가는 석유곤로를 보면 마음이 불편했다. 그을음이 많이 나고 냄새도 심했다. 기름을 채우면 그을음도 사라지고 심지도 다시 타오를 것을 알았다. 그렇지만 형편이 어려워 기름을 채울 수 없을 때, 나의 마음은 무척이나 힘들었다.

살다 보면 우리는 종종 어려움을 만나곤 한다. 문제도 알고, 원인도 해결책도 알지만, 그 대책을 실행에 옮길 수 없을 때가 많다. 그런 경우 마음이 편하지 않다. 몰라서가 아니라 알아도 못하기에 무능력, 무기력, 패배감에 더 젖어 들기도 한다.

그런데 하나님은 다른 느낌을 담아 이 이야기를 하시는 것 같다. 예수는 이 이야기를 인용하면서, 새로운 꿈을 그려 주는 듯하다. 바벨론 앞에 풍전등화처럼 무너지는 유다와 이스라엘을 떠올리던 이들은, 로마 제국에 의해 이미 짓밟힌 예루살렘과 갈릴리를 보던 이들은 이 말씀을 들으며 무엇을 느꼈을까? 바벨론 포로에서 돌아오게 하신 하나님께서 로마 제국의 지배에서도 벗어날 날을 주실 것이라는 소망을 그렸을까?

꺼져 가는 심지를 끄지 않으시는 하나님을 우리는 스가랴에서 다시 만난다. 그곳에서 하나님은 가장 귀한 기름, 올리브기름을 무한정 공급해 주겠다고 약속하신다. 더 이상 기름이 없어서 심지가 꺼지지 않게, 등불이 꺼지지 않게 해 주겠다는 구체적이고 확실한 약속을 하신다. 이제 그 소망을 향해 스가랴의 시대, 그 삶의 자리로 시간 여행을 떠나자.

# 06
# 채움을 공급받아야 할 때

"그가 내게 묻되 네가 무엇을 보느냐 내가 대답하되 내가 보니
순금 등잔대가 있는데 그 위에는 기름 그릇이 있고 또 그 기름 그릇 위에
일곱 등잔이 있으며 그 기름 그릇 위에 있는 등잔을 위해서 일곱 관이 있고
그 등잔대 곁에 두 감람나무가 있는데 하나는 그 기름 그릇 오른쪽에 있고
하나는 그 왼쪽에 있나이다 하고"

슥 4:2~3

여러분과 같이 떠나는 오늘의 시간 여행은 2,540년 전 유대 땅 예루살렘 지역이다. 그곳의 예루살렘 성전을 찾는다. 성소 안팎도 오고간다. 스가랴는 조금 어렵게 다가오는 책이다. 낯선 상징과 환상들이 등장하기 때문이다. 그렇지만 그 상징이 의미하는 바를 이해하면 생각보다 덜 어려울 수 있다.

이 본문에 나오는 눈에 띄는 소품들이 있다. 어떤 것이 나오는가? 등잔대, 등잔, 기름 그릇, 기름 (공급)관 등이다. 그리고 식물로는 감람나무 두 그루가 등장한다.

이 구절을 읽어 본 독자 상당수가 뭔가 낯설다고 느꼈을 것이다. 이렇듯 성경의 식물, 동물, 사물의 이름이 낯선 이유는 평

가장 값비싼 기름을 얻을 수 있는 올리브나무

소 접해 본 것들이 아니라서다. 또 성경의 표기와 우리가 알고 있는 이름이 달라서 이기도 하다. 성경 속 사물은 시대에 따라, 지역에 따라 형태와 기능이 다른 경우가 있다.

예를 들어 보자. 스가랴 5장에는 '날아가는 두루마리'(슥 5:1) 가 나오는데 이를 보면 어떤 이미지가 떠오르는가? 당시 두루마리는 이집트에서는 파피루스가 대세였고, 다른 지역에서는 양피지나 다른 가죽으로 만들었다. 일반적인 길이가 50센티미터 정도였다. 그런데 스가랴에 나오는 두루마리는 길이가 10미터 정도다(슥 5:2). 대단히 압도적인 느낌으로 다가왔을 것이다.

이렇듯 성경 속 표현을 피부로 느끼려면 조금 수고를 해야 한다. 인터넷을 활용할 수 있다면 검색을 통해 도움을 받는 것도 좋다. 크기, 형태, 모양, 색감 등의 정보를 확인할 수 있다.

우리가 사용하는 상징들은 원래 실체가 있는 것도 있지만, 또한 새롭게 고안된 것도 있다. 회사 로고 같은 것이 만들어진 상징의 대표적인 경우다. 아리랑고개, 보릿고개는 경험으로 자리 잡은 상징이다. 무궁화, 진달래, 까치, 까마귀는 교육으로 형성된 상징이다. 이런 상징들은 외국인들에게 설명해도 그 느낌이 제대로 전달되지 않는다. 이처럼 성경 시대 사람에게도 각 식물이 상징하는 바가 있었다.

스가랴의 이름은 '여호와께서 기억하신다'는 뜻이다. 그는 제사장 가문에서 태어났다. 기원전 537년 제1차 바벨론 포로 귀환 때부터, 스룹바벨이 주도한 제2성전 건축 시대를 거쳐, 기원전 458년 제2차 바벨론 포로 귀환이 있기 전인 기원전 470년경까지 활동했다. 오늘날 이라크 지역을 중심으로 중동을 제패했던 신바벨론 제국이 이란 지역을 중심으로 세워진 바사(페르시아) 제국에 의해 무너진 시기였다.

스가랴에는 여덟 개 이상의 환상 이야기와 많은 이미지가 담겨 있다. 스가랴가 본 환상은 추상적이거나 복잡하지 않다. 다분히 일상적인 것들로 구체적 내용을 담고 있었다.

위 본문이 묘사하는 공간의 무대는 일반 가정집이 아니다. 그것은 아마 성소나 권력자의 통치 공간에서나 볼 수 있는 풍경이 펼쳐지고 있기 때문이다. 여기서 눈길을 끄는 표현이 있다. 바로 등잔대 곁에 두 감람나무의 존재이다. 감람나무는 감람유의 원천이다. 등불을 밝히는 데 꼭 필요하고 소중한 기름, 감람유를 하나님께서 무한히 채워 주시겠다는 것이다. 성전 안의 등불을 영원히 밝혀 주시겠다는 약속이다.

감람나무는 올리브나무와 같은 나무이다. '두 감람나무'는 두 그루의 올리브나무를 말한다. 이제부터는 올리브나무와 올리브(열매)로 표현한다. 서양 음식을 먹을 때면 맛볼 수 있는 올리브나무 열매를 기억하는가? 성서 속 사람들은 올리브나무의 열매에서 기름을 짜서 다양한 용도로 사용했다. 올리브기름은 향긋한 냄새가 난다. 식용, 약용, 종교용으로 사용했고, 제사장이나 왕 같은 관리를 임명할 때도 사용했다.

이스라엘 공동체에게 올리브나무만큼 일상적이고 친숙한 식물도 없다. 버릴 것이 하나도 없는 나무이기 때문에, 또 건조한 곳에서도 잘 자라기 때문에, 곳곳에 올리브나무를 심고 가꾸었다. 올리브나무는 우리에게도 노아의 홍수 사건 때부터 친숙하게 다가오는 나무이다(창 8:11). 성경은 예수를 참 감람나무(참 올리브나무)로 표현하기까지 했다.

그렇다면 두 올리브나무와 연결된 등잔은 어떤 모양이었을까? 재질은 금이었을까? 아니다. 모양은 그 시대의 형식을 따랐을 것이다. 아마도 가나안 땅의 등잔 모양으로 만들었을 것이다. 당시 가나안 지역 등잔은 마치 만두소를 넣고 만두를 빚을 때 한쪽을 오므린 모양과 닮아 있다.

등불을 켰을 때 어떤 색감이 번졌을까? 진흙을 구워 만든 투박한 재질의 등잔과 금빛 등잔대가 조화를 이루며 환하게 빛을 발했을 것이다. 일곱 개의 등잔에서 나오는 붉은빛이 서로 어우러지면서, 아주 특별한 분위기를 연출했을 것이다.

이제 스가랴 환상이 조금은 실제적으로 다가오는가? 이 예언의 내용은 시각적이고 입체적이다. 두 올리브나무가 등잔과 연결된다는 것은 웃음을 자아내는 표현이다. 연료 공급 장치가 잘 연결된 등잔, 일일이 사람이 기름을 보충해 주지 않아도 되는 등잔을 연상시킨다.

올리브기름이 타면서 노란 듯 붉은 듯한 은은한 빛을 내는 것을 떠올려 보라. 올리브기름을 넉넉하게 넣은 음식에서 나는 맛과 향, 그 이상이다. 그 은은한 올리브 향과 선명한 등불을 생각하면 마음이 포근해진다.

등잔과 최고의 등잔 연료(기름)가 함께 등장하는 이 본문은 등불이 영원히 타오르리라는 것을 그려 준다. "이스라엘은 영원이 타오를 것이다. 영원히 꺼지지 않을 것이다. 나 하나님 여호와가 그렇게 할 것이다." 하나님께서 이렇게 고백하고 선언하고 다짐하고 약속하고 당부하는 것만 같다.

이 이야기만 보면 하나님은 스스로 을이 되신다 싶다. 누가 요구하지도 요청하지도 않았는데, 스스로에게 책임을 부과하여 자신이 먼저 말하고, 그 약속을 지키기 위해 몸소 행동하는 존재로 보인다. 그렇다면 우리는 그 하나님의 약속을, 공급을, 채움을 제대로 믿고 누리고 있는가? 아, 여전히 현실은 꺼져 가는 심지가 애통스럽게 그을음을 내고 있는 것만 같다. 탁하고 맑지 못한 냄새와 색을 뿜어내는 우리로 인해 안타까워하는 이들에게 미안하다.

오늘도 하나님은 우리에게 채움을 약속하신다. 꺼져 가는 심지는 오롯이 우리의 문제일 뿐이다. 다시 하나님의 채움을, 공급을 받아야 할 때이다.

# 07
# 약속의 불씨를 지키셨다

"아브라함이 이에 번제 나무를 가져다가 그의 아들 이삭에게 지우고
자기는 불과 칼을 손에 들고 두 사람이 동행하더니"
창 22:6

여러분과 함께 떠나는 시간 여행, 이번엔 2박 3일의 여정일
듯하다. 노정은 브엘세바에서 시작하여 모리아산(예루살렘)까지
진행한다. 시간 여행에서 지켜볼 이들은 아브라함과 그 아들
이삭, 여호와의 사자, 두 명의 종 등이다. 소품으로는 번제로 쓸
땔감과 그 짐을 싣고 가는 나귀, 숫양, 불과 칼, 도끼 등이다. 아
마도 브엘세바와 모리아산을 오가는 4박 5일 이상의 여정 동안
먹고 마실 필수 음식도 있었을 것이다.

오늘의 이야기에는 낮의 햇살과 밤의 달빛 그리고 번제물이
태워질 때 뿜어져 나오는 불빛 등 다양한 빛이 어우러진다. 그
빛을 따라 이야기 속으로 들어간다.

브엘세바에서 모리아산까지는 대략 90킬로미터 정도의 거리이다. 브엘세바에서 헤브론까지 60킬로미터, 그리고 거기서 모리아산까지 30킬로미터 정도로 떠올리면 될 듯하다. 3일 길을 가는 것이다.

아브라함은 아침 일찍 일어나 번제에 사용할 땔감을 미리 준비한다. 드넓은 남방 광야, 지평선 멀리 헤브론 산지 그 너머로 해가 떠오른다. 아브라함이 가야 할 길을 미리 비춰 주는 듯,

희생제물이 된 이삭, 1603, Caravaggio Merisi

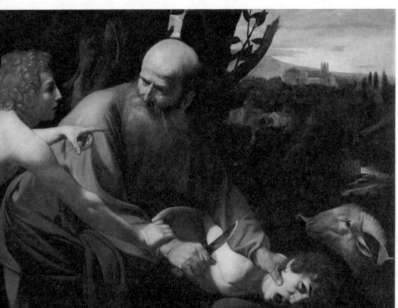

무심한 햇살이 아브라함 마음 깊숙이 꽂힌다. 그 이른 아침에 일어난 아브라함은 어떤 마음이었을까? 이삭을 불태울 땔감을 쪼개면서 그의 마음도 쪼개진다.

나귀가 실을 수 있는 최대치의 땔감을 싣고 길을 떠난다. 길을 떠난 지 얼마 되지 않아, 해는 이미 하늘 높게 걸렸다. 낮 시간은 걷고 밤이 되면 머물고, 다시 이른 아침 발걸음을 재촉한다. 아브라함은 무엇이 그렇게 급한 것일까?

오래 전에 자신이 살던 헤브론 지역으로 가면서 줄곧 상념에 잠긴다. 헤브론에 있는 마므레 상수리나무 지역에 살던 시절이 아련하다. 자신을 찾아온 세 천사를 통해 이삭의 탄생 예언을 들었던 때부터, 이삭이 태어나고 자라서 오늘에 이르기까지의 추억이 눈앞에 생생하게 펼쳐진다. 이른 아침 해가 떠오르는 곳을 향해 발걸음을 재촉한다. 그곳이 모리아산이 자리한 북동쪽이면서 또한 해가 떠오르는 곳이다.

세 번의 밤을 지샜다. 그리고 마지막 아침을 맞이했다. 이삭과의 동행이 마지막이라는 생각에 아브라함은 아직도 밤이다. 복잡하다. 그날도 아침 일찍 길을 나선다. 여전히 무심한 햇살은 눈부시다. 7~8시간을 걷고 또 걸었다.

모리아산이 눈앞에 다가온다. 낮인데도 아브라함의 눈앞이 캄캄하다. 모리아산이 청동 거울에 비친 얼굴을 보는 것처럼 갑자기 희미해진다. 눈에 뜨거운 물기가 차오른다. 노을이 짙어지고, 또 하루가 저물어 간다. 브엘세바를 떠나 이삭을 제물로 바치기 위한 여정도 저물어 간다. 아브라함의 왼쪽 산지로 해가 아쉬운 마음을 담아 모습을 감춘다. 노을빛이 오늘은 그야말로 새빨간 핏빛이다.

힌놈 골짜기를 건너 산기슭으로 다가선다. 이 힌놈 골짜기를 따라 내려가면 기드론 골짜기와 만나고, 그 골짜기는 사해로 이어진다. 드디어 모리아산 기슭에 도착했다. 무심한 듯 이삭에게 땔감을 지운다. 아브라함의 어깨가 천근만근 무겁다. 그 깨지는 마음을 불살라 땔감을 태울 불을 마련한다.

칼을 품고 산을 오른다. 100미터 정도만 올라가면 되는 높지 않은 모리아산인데도 숨이 가쁘다. 그 마음속이 그만 검게 타버렸다. 어둠이 깊어 간다. 아브라함이 쳐든 불빛에 이삭의 모습만이 선명하다. 번제단에 불꽃이 타오르면, 아브라함의 꿈이었던 이삭은 재가 되어 사라질 것이다.

정말 아브라함은 이삭을 죽이려고 했을까? 아니면 하나님이 자신에게 원하는 것이 이삭이 아니었다고 깨달은 것이었을까? 그 시대의 종교에서 볼 수 있는 것처럼, 맹목적으로 순종하는 자신의 종교성을 제거하려는 하나님의 속마음을 눈치챘던 것일까? 자신의 믿음과 순종을 위해 가족과 다른 이를 희생시키는 것을 마땅한 것으로 여기는 그릇된 종교성이 불태워져야 했음을 느낀 것일까? 수많은 질문이 꼬리에 꼬리를 문다.

이삭을 죽이려고 칼을 빼든 아브라함을 천사를 통해 다급하게 제지하는 하나님의 모습이 인상적이다. 하나님의 속마음을 아브라함이 눈치챘던 것이다. 그런데 아브라함이 하나님의 의중을 오해했다면 그야말로 이삭은 무참히 희생당하는 것이 아닌가? 긴장감과 위기감이 가득하다.

순종하는 믿음은 맹목적인 것이 아니다. 눈먼 종교성과 종교적 실천이 가져오는 파괴성과 폭력성을 우리는 일상에서, 역사에서 보고 있다. 언약의 씨인 이삭을 지켜 주시고, 아브라함의 믿음의 불씨를 살려 주시는 하나님을 잠시 떠올려 본다.

이 이야기는 이삭의 얼굴과 수풀에 걸려 있는 숫양의 얼굴을 교차하여 조명을 비추는 듯한 분위기로 이어진다. 공포로 가득 차 있던 이삭의 얼굴에는 작지만 '휴 살았다' 하는 안도감이 스친다.

이 여정에서 하나님과 아브라함의 머리싸움을 떠올리는 것은 불손한 것일까? 아니다. 묻지도 따지지도 않고 즉각적으로 명령을 수행하는 것, 그것을 신앙이라 말할 수 없다. 그것이었다면, 브엘세바에서 아브라함의 순종을 즉각적으로 볼 수 있었을 것이다. 사나흘의 먼 거리를 옮기게 하신 것에서, 하나님의 마음이 즉각적인 순종이 아니었음을 본다. 거침없이 질문하는 신앙, 진솔하게 회의하는 믿음을 거칠 때, 하나님을 향한 인격적인 관계를 배울 수 있을 것 같다.

# 08
# 한밤중에 불 밝히시느라

"너는 또 이스라엘 자손에게 명령하여 감람으로 짠 순수한 기름을
등불을 위하여 네게로 가져오게 하고 끊이지 않게 등불을 켜되"

출 27:20

이집트 남부 룩소의 신전 위로 솟는 아침 해

오늘의 시간 여행은 출애굽 한 그 해 가을의 어느 날, 시내 광야, 성막의 성소 안팎이다. 해 뜨기 전, 해가 진 직후의 높은 일교차가 안겨 주는 추위가 광야를 채운다. 높은 산 사이에 펼쳐지는 골짜기와 평야는 해가 늦게 뜨고, 일찍 저문다. 밤이 긴 것이다. 지금도 이 골짜기에 들어서면 통신 신호가 약하고, 인터넷의 도움을 받지 못할 때가 많다.

출애굽 광야 시절, 이스라엘의 성막 성소는 12평 정도의 밀폐된 공간으로 아무나 드나들 수 없는 금역(禁域)이었다. 그 안에서는 하루 종일 올리브기름을 태워 등잔불을 밝혀야 했다. 사방이 막혀 있어 채광과 통풍이 전혀 이뤄지지 않는 밀폐된 공간이었기 때문이다.

이스라엘의 성소에 들어선다면, 우리 눈에 무엇이 먼저 들어올까? 일곱 등잔에서 뿜어져 나오는 등불일까? 분향단의 금빛일까? 아니면 등불에 반짝이는 금빛 등잔과 등잔대일까? 아니면 성소 벽이나 천정일까?

또 어떤 냄새가 우리의 코를 자극할까? 등불을 밝혀 주는 올리브기름의 향일까? 아니면 분향단에서 태운 소합향과 나감향과 풍자향과 유향이 결합된 냄새일까?

이스라엘의 성소와는 달리 고대 이집트의 신전은 많은 경우 햇살과 달빛에 성소가 노출될 수 있도록 지어져 있다. 대표적으로 이집트 남부 룩소의 카르낙(Karnak) 신전의 성소는 물론이고 최남단 아부심벨(Abu Simbel)의 신전도 마찬가지이다. 그래서인지 고대 이집트의 신전이나 왕궁에서 등불을 사용한 흔적이나 기록을 찾기 힘들다. 이집트의 고대 유물 가운데 등잔이 나오지 않고 있다. 아마도 신전에서 등불을 피우지 않았던 것 같다.[1]

고대 이집트 신전의 성소는 해가 진 다음 어둠 가운데 있었다. 등불도 횃불도 밝히지 않았다. 제물도 바쳐지지 않았다.[2] 그들은 신도 잠을 잔다고 믿었다. 아부심벨 신전의 성소는 일년에 두 번 햇살에 노출되었다. 이날이 람세스 2세의 생일인 2월 22일과 그의 대관식이 있었던 10월 22일이라고 주장을 하는 이도 있지만 구체적 근거는 부족하다. 카르낙 신전 성소의 경우는 동지가 시작되는 12월 22일에 성소 가운데로 해가 뜨는 장면을 볼 수 있다. 등잔이, 등불이 고대 이집트 신전 성소에 필요 없었던 사연을 짐작할 수 있는 풍경이다.

출애굽 하나님의 성소에는 늘 등불을 켜 놓아야 했다. 이것은 하나님께서는 언제라도 회막 안에서 그의 백성을 대표한 대제사장과 교제할 수 있는 존재임을 드러내는 것이다. 물론 지성소에는 등불을 전혀 밝히지 않았다. 지성소는 해마다 유대인의 속죄일인 히브리력 7월 10일(일몰 시각부터 다음날 일몰 시각까지)에 대제사장만이 출입할 수 있었다. 지성소의 장막(휘장)이 열린 틈새로 그때에만 성소의 등불이 그 안에 스며들었다.

카르낙 신전의 성소 뒤쪽으로 비치는 햇살

    고대 이집트 신전 성소의 빛과 이스라엘 성소의 등불이 보여 주는 이런 차이를 마주하면서, 여러분은 무엇을 느끼는가? 이 둘을 비교할 때, 서로 다른 것을 찾아서 다르다고 말하는 것만으로는 부족하다. 그 차이가 만들어진 의미와 배경을 알아야 한다.

    이런 질문이 떠오른다. 신의 편안한 잠을 위해 등불을 켜지 않은 고대 이집트를 알던 이들, 그것을 경험한 출애굽 백성에게 하루 종일 등불을 밝히고 있는 성소의 풍경은 어떻게 다가 왔을까? 쉽게 그것을 이해하고 반길 수 있었을까? 고대 이집트 의 신과는 달리 여호와 하나님은 자지도 졸지도 않는 늘 깨어 있는 존재였다는 것을 기뻐했을까?

먼저 어둠은 그저 악하고 빛은 선하다는 선입견을 버려야 한다. "저녁이 되고 아침이 되니"라는 말씀처럼 유대인들은 밤 을 하루의 시작으로 생각했다. 밤은 부정적인 게 아니었다. 또 불을 켜는 여부가 거룩과 세속의 구분점도 아니었다. 만일 그 렇다면 등불을 켜지 않는 지성소는 거룩하지 않은 공간인가? 그렇지 않다.

출애굽 성소는 24시간 등불을 밝혔다. 이는 거룩함 때문이 라기보다는 제사장의 직무를 위함이었다. 만일 제사장이나 대 제사장이 밀폐된 성소에서 정해진 일을 하기 위해 들어갔는데, 불빛이 없어 앞을 볼 수 없다면 어떤 일이 벌어지겠는가? 불을 켜야 그 안을 훤히 볼 수 있고, 제사장과 대제사장이 맡은 일을 할 수 있는 것이다.

무엇보다 여호와 하나님이 고대 이집트의 신과는 아예 존재 감이 달랐다는 것에 눈길을 두어야 한다. 그분은 먹고 배설하 고 졸고 자는 이집트의 신이 아니었다. 정해진 곳에서 정해진 시간에 특정한 존재만이 마주할 수 있는 그런 존재도 아니었 다. 늘 깨어 있기에, 언제든지 만날 수 있는 존재로 출애굽의 하나님은 그려지고 있다.

그 하나님은 영적 제사장인 우리가 언제든지 만날 수 있는 존재이시다. 특정 장소에서만 만날 수 있는 존재가 아니라 우리의 일상에 찾아오셔서 우리와 말을 섞는 분이 하나님이신 것이다. 우리가 졸고 자고 있는 순간에도, 출동 준비를 마치고 24시간 비상 대기 중인 그런 존재처럼, 하나님이 등불을 켜고 우리를 지키신다.

---

1)   등잔은 없었지만, 필요에 따라 등불을 밝히기는 했다. 토기 접시나 설화석고 그릇 안에 식물성 기름을 채우고, 아마천으로 만든 심지를 띄워 놓고 불을 밝히기도 했다. 그러나 신전 성소는 어둠을 유지했다.
     시기와 왕조에 따라 다르지만, 후기 신전에 속한 에드푸 신전, 덴데라 하토르 신전 경우처럼 성소가 밀폐된 건물의 안쪽에 자리하는 경우도 있다.
2)   신전 성소의 위치나 채광 여부와는 별개로, 신상이 안치된 성소는 불을 켜지 않았다. 참고 문헌. Dunand, Françoise; Zivie-Coche, Christiane (2004) [French edition 1991]. Gods and Men in Egypt: 3000 BCE to 395 CE. Translated by David Lorton. Cornell University Press.

# 일곱 촛대는 없었다

촛대, 일곱 촛대, 일곱 금촛대는 요한계시록(1:12, 13, 20, 2:1, 5, 11:4)에 등장하는 표현이다. 여기에 사용된 헬라어 뤼크니아(λυχνία)는 그저 등잔대(lampstand) 또는 촛대로 번역할 수 있다. 촛대로 옮긴 것은, 아마도 영역 킹제임스 성경의 촛대(a candlestick)라는 표현을 우리말 번역에 반영한 것이 아닌가 싶다.

그런데 구약성경 번역에도 '촛대'로 옮긴 것(왕하 4:10, 렘 52:19, 단 5:5)은 아쉽다. 사실 초의 역사는 그리 길지 않다. 로마인들이 사용하던 양초는 양이나 소의 동물성 지방으로 만든 수지(tallow) 양초였다. 기원전 500년경부터 쓰인 것으로 알려져 있다. 우리가 익히 아는 밀랍 양초(beeswax) 사용은 그로부터

티베리아스 하마 회당 유적지에서 발견한 메노라가 새겨진 돌 등잔(4~5세기), 이스라엘 박물관

2,000여 년이 지난 1,500년대의 일이다. 로마인들에게 양초는 사치품으로 간주되었다.

당시 회당을 밝히던 메노라도 등잔불이었다. 그러나 많은 사람이, 습관적으로 일곱 촛대를 떠올린다(하누카 절기에는 9개의 등불이 달린 메노라를 사용했다). 그렇지만 구약 시대는 물론 최소한 예수 시대 성전이나 4~5세기 회당에서 불을 밝히던 것은 촛불이 아니라 등불이었다. 돌로 만든 7개의 구멍이 뚫린 메노라가 고대 회당 유적에서 발견되었다.

'일곱 촛대', '촛대를 옮긴다' 등의 생각은 역사적 사실에 바탕을 둔 것이 아니다. 일곱 촛대가 아니라 등잔 일곱 개가 달린 등잔 또는 구멍 7개 뚫린 등잔대였을 뿐이다. 다시 말하지만 고대 로마에서 촛불이 사용되기는 했지만, 기름 등불에 비하면 비용이 비쌌고 쉽게 구할 수 있는 것도 아니었다.

또한 등잔의 모양을 이해하려면 살구나무 꽃(으로 번역된 아몬드 꽃)을 알아야 할 것 같다. 아몬드 나무는 고대 이집트 신왕국 시대(대략 B.C. 1550~1070)에 흔한 것이 아니었다. 14세기 후반까지는 아예 이집트에서 볼 수 없었던 듯하다.[1] 석류도, 올리브도, 아몬드도 고대 이집트 18왕조(B.C. 1550~1295) 때는 희귀한 존재였다. 이런 것을 고려하면 출애굽 광야에서 성막에 필요한 용품을 만들면서 석류 문양, 올리브 문양, 아몬드 문양을 언급하는 장면은 특별하다. 즉 출애굽 공동체에게 등잔, 일곱 등잔, 올리브기름으로 불을 밝히는 등잔, 등불의 존재감은 여러모로 낯설기 그지없는 것이었다.

---

1)     Pomegranate, olive, and almond trees appeared in Egypt during the Eighteenth Dynasty (1550-1295 BCE), when there was a great deal of trade with the Near East. - Lisa K. Sabbahy 편집, All Things Ancient Egypt: An Encyclopedia of the Ancient Egyptian World [2 Volumes], United States: ABC-CLIO, 2019. 177.

# 09
# 어린 사무엘의 등불

"엘리의 눈이 점점 어두워 가서 잘 보지 못하는 그 때에
그가 자기 처소에 누웠고 하나님의 등불은 아직 꺼지지 아니하였으며
사무엘은 하나님의 궤 있는 여호와의 전 안에 누웠더니"

삼상 3:2~3

이번 시간 여행은 3,000년 전, 그러니까 아직 이스라엘이 왕
정이 세워지기 전으로 사사 시대가 끝나 가던 어느 날이다. 방
문 장소는 실로 지역이다. 이곳에는 출애굽 여정에 사용하던
회막이 놓여 있었다. 실로는 이스라엘 공동체가 동서남북으로
흩어져 살던 그 무렵, 가운데쯤에 자리하고 있었다.

그 실로의 회막이 광야 시절의 구조와 기능을 그대로 유지
하고 있었는지는 불분명하다. 성소를 밝혀 주던 등잔대 개수를
두고도 여러 의견이 존재한다. 이 이야기를 영상에 담으려 한
다면 매우 어려울 듯싶다. 어떤 옷차림이었을지, 무대를 어떻
게 꾸밀 수 있을지 난감하다.

사무엘상 3장의 등장인물은 엘리 제사장, 사무엘, 하나님, 그리고 11절 끝부분에 군중 등장 장면으로 처리해야 할 '온 이스라엘'이 나온다. 소품은 엘리의 집(흙이나 돌을 이용하여 지은 집인지 염소 털로 짠 천막인지 '자기 처소'라는 표현만으로는 단정 짓기 힘들다. 회막의 존재나 실로가 도시이기보다 성 밖 광야에 자리 잡은 것을 떠올리면 천막으로 보는 것이 더 자연스럽다. 천막은 유목민의 주거 공간인 동시에 성 밖 거주자에게 귀한 주거 공간을 제공한다)과 하나님의 등불, 하나님의 궤이다. 등불을 소재로 사무엘상 3장의 이야기를 다룬다.

그 당시 회막이 있던 실로로 떠나 보자. 사무엘이 실로에 오게 된 지난 시간의 여정이 먼저 떠오른다. 사무엘의 고향 라마(다임소빔)와 실로 사이는 40여 킬로미터 정도 거리이다. 걸어서 2~3일 길에 해당한다. 부자 엘가나와 그의 아내 한나, 그리고 가족들이 라마와 실로를 오가는 장면을 떠올려 보라. 그야말로 대가족의 이동이었을 것이다. 걸어서 가든 나귀를 타고 가든 2~3일 길은 되었기 때문이다.

당시에 부자, 권력자는 나귀를 타고 이동했다. 나귀는 힘과 부의 상징이었다. 소와 양, 염소를 몰고, 또 나귀를 타거나 걸어서 무리 지어 가는 한나가 포함된 그 행렬을 상상해 보라. 나귀에 실린 짐도 많다. 제물로 바칠 짐승도 같이 간다. 엘가나의 아내였던 한나와 브닌나 곁에는 그들을 섬기는 하인과 하녀들이 보이고, 일행을 호위하며 가는 이들도 보인다. 산을 넘고 골

왼쪽에 실로가, 오른쪽에 라마가 보인다. 구글어스에서

짜기를 지나고 다시 산을 넘어 간다. 남서쪽 라마에서 북동쪽 실로로 가고 있다.

실로에서 할 일을 마치고 라마 집으로 돌아오는 길, 사무엘을 떠올리는 한나의 마음을 헤아려 본다. 갈 때 나귀 등에 실었던 그 많던 짐도 사라졌다. 가축도 제물로 사라졌다. 사무엘을 태운 나귀 등에는 사무엘이 없다.

어린 나이의 자식을 떨쳐 두고 홀로 산을 넘고 넘어 라마로

↑613m ↓655m

라마

실로

890m

554m

라마에서 실로까지

돌아오는 한나의 마음은 무겁기 그지없다. 어제까지는 그저 해가 뜨는 방향이었을 뿐이다. 그러나 그곳에 있는 사무엘을 떠올리는 한나는 해가 뜨는 아침, 북쪽 산지를 바라보며 눈물 짓는다. 뜨거운 피눈물을 흘린다.

한나도 그 시대를 살던 여성이었다. 그에게 있어서 아들의 존재는 무엇이었고, 실로 성막에서 그가 했다는 종교적 서원은 어떤 의미였을까? 사무엘은 엄마를, 한나는 아들을 빼앗긴 셈이었다. 두 사람 모두 헤어짐, 떨어짐으로 인한 상실감을 느꼈을 것이다. 자기의 삶인데도 스스로 운명을 선택할 수 없는 환경을 살아가던 것이었다.

서원한 것은 그것이 무엇이든 바쳐야만 했던 것일까? 한나가 그 비통한 마음을 시로 남겼다면 어떤 시였을까? 우리가 쉽게 주고받는 한나의 기도 이야기는 그 시대의 그릇된 서원 제도에 대한 비판을 담고 있는 것은 아닐까? 지나친 종교적 열심이 가져다주는 채워지지 않는 결핍을 말하는 것은 아니었을까?

나는 이 이야기가 당시의 그릇된 서원 제도에 대한 비판을 담고 있다고 본다. 이른바 하나님께 약속한 것, 서원한 것은 지켜야 한다고 말을 한다. 그때나 지금이나, 크게 다르지 않다. 그런데 민수기 30장에 실린 서원 규정은 독특하다. 미혼 여자나 결혼한 여성의 맹세는 아버지나 남편에 의해 취소가 가능했다. 어린 자녀나 기혼 여성의 서원이 예로 등장한다. 아버지나 남편이 그 서원에 동의하지 않으면 취소된다. 이것은 남편이나 아내의 권력을 강조한 것일까? 서원의 공동체성, 공동 책임 등을 그 시대의 언어로 담은 것으로 볼 수도 있을 듯하다.

그렇지만 어린 자녀나 기혼 여성의 의사와 관계없는, 당사자의 의사가 반영이 안 된 제3자에 의한 서원에 대해서는 한마디도 없다. 구체적으로 말하면 사무엘 스스로는 자신을 두고 어떤 서원도 결단도 하지 않았다. 타인을 강제하고 구속하는 서원을 제3자가 하는 것도 정당한 서원이었을까? 자기의 말을 지킨다며 제3자를 희생시키는 것은 정당한, 하나님이 명령하고 지키게 하는 것이었을까?

아니다. 서원의 기본 규정에 없다. 기본 원리에도 어긋난다. 율법에 어떤 근거도 없다. 여기에 적용할 원리도 없다. 그렇다면 그것을 강제하는 것, 실천하는 것은 악습이며 그릇된 관행일 뿐이다. "하나님이 받아 주시고 축복해 주신 것 아니냐. 사무엘도 한나도 다 잘 되지 않았냐." 이렇게 말하는 것으로 한나의 이야기를 소비하는 것은, 아쉽다. 한나도 사무엘도 그릇된 서원 문화의 피해자였다. 자칫 하나님이 그릇된 서원을 강제하는 나쁜 존재로 취급되는 것은 아닌가?

다시 이야기로 돌아가 보자. 이런 기억을 가진 어린 사무엘에게 한나는 어떤 엄마였을까? 그런 엄마의 믿음과 결단을 기뻐할 수 있었을까? 날마다 해 질 무렵이면 한나를 향한 그리움에 더 빠져들었을 어린 사무엘을 떠올리는 것은 지나친 것일까? 해 지는 남쪽을 바라보며, 저 산 넘어 라마를 바라보며, 소리 없는 눈물을 훔치는 어린 사무엘은 그 깊어 가는 그리운 밤에 홀로 잠을 청해야 했을 것이다.

'하나님의 궤 있는 여호와의 전 안에 누웠다'(삼상 3:3)는 것을 보면 어린 사무엘의 거처는 성소였던 것 같다. 하나님의 궤(언약궤)는 성소에 두어야 했다. 또한 아직 건물로서의 여호와의 전(the temple of the LORD, 성전)이 지어지기 전이었기에, 이 여호와의 전은 성소라고 보는 것이 자연스럽다.

그곳에서 사무엘의 역할은 무엇이었을까? 엘리의 잔심부름을 하고 성소를 관리하는 것이었을까? 그러면 자연스럽게 성소의 등불도 관리를 맡지 않았을까? 만약 그 일을 어린이 혹은 많아야 소년부 나이의 어린아이에게 맡겼다면, 성소 관리가 소홀했다고 볼 수 있지 않을까? 나중에 여호와의 언약궤조차 성소밖 전쟁터에 동원할 정도였으니 두말할 필요는 없을 것 같다.

우선 엘리에게 우리의 눈길을 두고 살펴보자. 눈이 어두워가는 엘리, 잘 보지 못하는 엘리, 어떤 느낌으로 다가오는가? '점점 어두워져 가는 엘리의 눈', '아직 꺼지지 않은 하나님의 등불' 같은 성경의 표현은 암울한 느낌으로 다가온다. 불 꺼진 곳에 누워 있는 엘리, 그는 별도의 빛이나 조명이 필요 없는 장면 속에 있다.

반면에 사무엘에게 눈길을 돌려 보자. 그곳은 등불이 밝게 빛나고 있다. 한 아이가 누워 있다. 하나님의 등불, 하나님의 궤, 하나님의 전, 어떤 느낌이 드는가? 엘리는 조명 없이 어둡게, 사무엘은 스포트라이트가 아닌 전체 밝은 조명으로 비춰야 하는 상황이다. 밤중에 두 곳은 대비를 이룬다. 엘리와 사무엘도 대비를 이룬다. 이것을 통해 성경은 우리에게 꺼져 가는 절망과 커져 가는 새로운 희망을 말하려는 것일까?

"사무엘아, 네가 할 일은 등불이 꺼지지 않도록 등불을 지키는 것이야."

어리고 어린 사무엘에게 엘리는 이같이 당부했을 것이다. 엘리는 어린 사무엘에게 그 등불이 무슨 의미인지, 왜 꺼지지 않아야 하는지 잘 가르쳤을까? 사무엘은 그것을 알아차렸을까? 아마도 그러지 않았을 것 같지 않다. 엘리는 신앙에 별 관심이 없이 직업 종교인 같은 삶을 살았을 것 같다. 그 시기는 "여호와의 말씀이 희귀하여 이상이 흔히 보이지 않았"(삼상 3:1)던 때가 아니던가.

등불이 꺼지지 않도록 지키려면, 등불이 보이는 곳에서 자는 것이 제일 안전하다. 사무엘의 잠자리는 아예 성소였다. 잠을 자는 둥 마는 둥 사무엘의 정신은 늘 깨어 있었다. 불 켜진 방에서 잠을 잘 때와 불을 끄고 잠을 잘 때, 수면의 깊이가 다르다는 것은 모두가 아는 사실이다. 조는 것이야 밝은 햇살 가운데서도 졸 수 있지만, 깊은 잠은 불빛이 없는 곳에서 자야 한다.

등불 지킴이, 이것이 사무엘의 별명처럼 느껴진다. 나는 기름이 바닥나 꺼져 가는 등불, 꺼져 가는 심지를 끄지 않으시는 하나님을 떠올린다. 등불이 꺼지지 않도록 기름을 채우고 등불을 지키는 사무엘을 통해 구체적으로 일을 하고 계시는 것 같다. 끝나 봐야 끝난다고 말씀하고 계시는 것 같다.

한국교회는 한나의 기도와 하나님의 응답에는 관심이 많은 듯하다. 그런데, 당사자의 의사와 무관하게 이뤄지는 서원의 부당성에 대해서는 문제의식이 없다. 이삭의 목숨과 삶을 두고 당사자인 이삭의 의사와 무관하게 이뤄지던 아브라함과 하나님의 이삭 번제 프로젝트도, 삼손의 이야기도 그렇다(욥기에 나오는 하나님과 사탄의 내기도 그렇다).

왜곡된 서원을 평가 없이 묘사하는 한나의 서원 기도 이야기는, 그 시대의 잘못된 서원에 대해 비판하고 있거나 고발하고 있는 것으로 볼 여지가 여기에 있다.

다른 누군가의 목숨과 현재, 미래를 자신의 어떤 것을 증명하는 도구로, 불쏘시개로 소비하는 악습은 그제나 이제나 존재한다. 그러니 이제는 정의의 이름으로도 평화의 이름으로도 하나님의 뜻으로도 정쟁의 도구로도 그렇게 하지 말자.

# 10
# 타는 등불로 제물을 인증하신 하나님

"해가 저서 어두울 때에 연기 나는 화로가 보이며
타는 횃불이 쪼갠 고기 사이로 지나더라"

창 15:17


여러분과 함께 떠날 시간 여행의 행선지는 창세기 15장이
다. 여기에는 아브라함 언약으로 불리는 이야기가 담겨 있다.
이 이야기가 일어난 곳은 어디일까? 15장에는 그 실마리가 보
이지 않는다. 13장 18절과 14장 13절을 통해 아브라함이 살고
있는 헤브론 산지의 마므레 상수리 수풀 지역으로 볼 수 있다.

마므레 지역은 앞으로는(남쪽) 헤브론 산지를 한눈에 내려
다볼 수 있고, 오른쪽(서쪽)으로는 멀리 대해(지중해)까지 이어지
는 산지와 평지를 볼 수 있다. 뒤로는(북쪽) 베들레헴 산지와 예
루살렘 산지가 이어진다. 왼쪽(동쪽)으로는 유대 산지가 이어진
다. 그야말로 동서남북, 전후좌우를 이어 주는 교통의 요지이

다. 이런 조건 때문에 아브라함이 이곳 마므레에 정착했을 것도 같다.

어느 계절, 어느 달, 어느 날인지도 물론 알 수 없다. 다만 아브라함이 롯과 그 가족을 구하기 위해 오늘날 시리아의 수도 다마스커스(다메섹) 왼편 '호바'까지 다녀온 뒤의 어느 날이다. 호바는 구체적으로 어디인지 모르지만, 편도 10일 정도 걸리는 300킬로미터가 훨씬 넘는 먼 거리였다. 게다가 전쟁까지 벌였다. 지쳐도 많이 지쳤을 것이다.

오늘 이야기의 등장인물은 아브람(아브라함, 이름이 아직 바뀌지 않았을 때였다)과 하나님이다. 그의 환상과 꿈에서 하나님이 나타나신다. 등불과 관련된 표현은 17절에 담겨 있다.

아브람은 곤하여 잠에 빠져들었다. 해 질 무렵이면 저녁을 먹을 때인데도 이날은 피곤에 겨워 깊은 잠에 빠졌다. 그도 그럴 것이 온종일 제물을 잡고 깨끗하게 하느라 온 힘을 다했다. "삼 년 된 암소와 삼 년 된 암염소와 삼 년 된 숫양"을 잡는 것은 그야말로 중노동이었다. 600킬로그램이 넘는 암소와 80킬로그램은 족히 넘는 숫양과 암염소를 잡았다. 산비둘기와 집비둘기 새끼도 잡았다. 게다가 굶주린 솔개가 제물을 낚아채려고 연이어 시도했다. 온 힘이 다 빠졌다. 몹시 배가 고팠다. 그런데도 잠에 먼저 빠져들었다.

이제 해가 저물고 있는데, 웬일인지 칠흑 같은 어둠이 덮쳤

멘카우레 왕을 보호하는 솔개로 묘사된 호루스신, 이집트 박물관

다. 두려웠다. 단잠은커녕 잠을 설쳤다. 게다가 하나님까지 꿈
에 나타나 한 말씀 하신다. 뜬금없이 뭔 말인지 모를 말씀만 하
신다. 여태껏 자식이 없는데, 무슨 후손이며 무슨 대대손손인
가. 당최 뜻 모를 말이다. 붉은 듯 노란 듯 온 하늘을 덮었던 노
을도 사라졌다. 진짜 밤이 깊어 간다. 날은 무척 차갑다. 마므
레 언덕 위로 바람이 차갑게 불어 닥친다.

　어둠이 짙은 밤, 쪼개진 암소 고기와 암염소, 숫양의 고기에
달빛이 내려앉는다. 고기의 붉은빛이 더욱 붉게 느껴진다. 제
물의 피비린내와 내장과 기름에서 뿜어져 나오는 온갖 냄새가
바람결에 아브람 주변 공기를 채운다. 그 순간이었다. 화덕이
눈에 들어온다. 연기가 새어 나온다. 고팠던 배가 더욱 고프다.

아브람은 허기에 견딜 수 없을 지경이다.

그런 아브람의 시선을 사로잡는 광경이 펼쳐진다. (하나님의) 등불이 아브람이 힘들여 잡아 놓은 제물을 하나하나 비춰 준다. 마치 무대 위에 한 사람 한 사람을 비춰 주는 스포트라이트처럼. 마치 제물 하나하나를 소개하듯이.

아브람이 하나님께 드린 제물을 받으시는 듯했다. 사실 아브람도, 그 후손도, 하나님께 드려진 존재가 아닌가? 아브람이 당장 하나님의 뜻을 알아채기는 쉽지 않았지만, 하나님이 뭔가 일을 벌이고 계신다는 사실은 알 것 같았다.

이제 이야기에 담긴 불, 등불에 눈길을 가져간다. 이 이야기에는 두 개의 뚜렷한 그림 언어가 있다. '연기 나는 화로'와 '타는 햇불'이다. 이것이 무엇을 뜻하는 것인지 쉽게 다가오지 않는다.

먼저 타는 햇불은 무엇을 그리고 있는 것일까? 어떻게 떠올리면 좋을까? 킹제임스 영역 성경은 등불(burning lamp)로 옮기고 있다. 불붙은 햇불보다 '등불'을 떠올리는 것이 자연스럽게 다가온다. 또 연기 나는 화로는 작은 크기의 화덕 '탄누르(Tannoor)'를 가리킨다. 그 옛날 화덕을 갖추는 것은 부와 권력을 드러내는 것이었다.

고대 이스라엘 지역의 유적에서도 탄누르 유물을 어렵지 않게 볼 수 있다. 이 화덕은 흙을 빚어서 만든 빵을 굽는 화덕이다. 영어로 '오븐'으로 번역하기도 하는데, 빵을 굽는 것 외에 다른 음식을 굽지는 않았다. 연기가 나는 화덕은 익어 가는 빵을 떠올리게 한다. 마치 밥을 뜸 들이 듯이, 화덕에 불을 빼고 빵 굽는 것을 마무리할 때도 화덕에서는 연기가 솟아오른다.

우리가 읽는 이 이야기는 이미 지난 일이다. 우리는 창세기 15장에 담긴 사건이 끝난 뒤의 결과까지 알면서 성경을 읽을 수 있다. 그렇지만 아브람은 이 이야기가 어떻게 펼쳐질지 몰랐다. 그리고 당사자인 아브람이 느낀 것과 이 이야기를 나중에 전해 들은 후손들이 느끼는 것도 똑 닮지는 않았을 것이다. 어쨌든 우리는 기록된 성경을 통해 멀리 내다보며 아브람의 이

화덕, 세족용 대야, 멧돌, 요리용 토기, 워싱턴 DC 성경박물관

야기를 읽는다.

아브람과 하나님의 대화는 고대 이집트인이나 메소포타미아인을 대상으로 쓴 것이 아니다. 당사자인 아브람과 그 자손이 쉽게 이해할 수 있는 그림 언어로 기록해 둔 것이다. 그리고 오랜 시간이 흐른 뒤에 이 이야기를 들을 이스라엘 백성들도 알 수 있도록 서술하고 있는 것이다.

연기 나는 화덕과 타는 횃불 즉 연기 나는 화덕과 타는 등불을 보면서, 나는 하나님 언약의 자리인 성소 풍경을 떠올린다. 성소 안에 자리하고 있던 것은 진설병과 분향단 그리고 밝게 타오르는 등불이다. 화덕은 화덕에 구워 올린 진설병을, 타는 횃불(등불)은 일곱 등잔에서 타오르던 등불을 그리게 한다. 또 둘 모두에서 흘러나오는 연기는 분향단에서 타오르던 향을 연상시킨다.

이 사건을 통해 아브람이 이 모든 것을 그대로 깨달았을 것 같지 않다. 후손들은 이 모든 일이 일어난 뒤에, 아브람의 하나님이 그에게 약속하신 것이 어떻게 이루어졌는지를 깨달았을 것이다. 약속한 바를 이루시는 하나님인 것을 역사를 통해 맛보고 배웠을 것이다.

# 11

# 이방의 빛이 되게 약속하셨다

"나 여호와가 의로 너를 불렀은즉 내가 네 손을 잡아 너를 보호하며
너를 세워 백성의 언약과 이방의 빛이 되게 하리니"

사 42:6

시간 여행, 오늘의 발걸음은 이사야 선지자가 살던 2,700년
전 예루살렘이다. 히스기야 왕이 통치하던 시기인 듯하다.

나는 '이방의 빛'이 된다는 것을 선교사로, 이민족의 땅에서
사는 것으로 알았다. 다른 민족들에게 본이 되는 삶을 통해 하
나님의 이름을 높이는 것이 이방의 빛으로 사는 하나님 백성의
몫이라고 배웠다. 그리고 그렇게 가르쳤다. 그런데 등불의 존
재감을 알고 나서는 그동안 내가 보지 못했던 면이 있는 것을
알게 되었다.

이사야의 이야기를 읽으면서 어떤 광경이 떠오르는가? 화려
한 조명이 쏟아지는 무대 위에 서 있는 어떤 유명인, 그를 향하

여 뜨겁게 열광하는 관객과 군중들인가? 이방인의 빛이 되려면, 이방인에게 등불을 밝히려면, 어떤 상황이 벌어져야 할까? 먼저는 이방인 곁에 있어야 한다. 이방인과 함께 살아야 한다. 이방인 가운데 있어야 한다. 그리고 그 안에서 등불을 밝혀야 한다.

등불의 관점에서, 이방의 빛은 먼 땅에서부터 자기에게로 이방인이 나오게 하는 역할이 아니다. 그렇게 할 수도 없다. 그들에게 삶의 모범이 되고 안 되고의 문제가 관건이 아니다. 예수를 믿으면 이렇게 되는구나, 저렇게 될 수 있구나 기대감을 갖게 하는 것도 아니다. 우리 자신의 삶이 돋보이도록, 다른 이들이 볼 수 있도록 드러내는 것도 아니다. 그들의 얼굴을 비춰 주는 것도 아니다. 그 빛은 나나 이방인 이웃이 함께하는 삶의 자리를 비춰 주는 것이다. 그들이 실제를 마주할 수 있도록, 분별할 수 있도록 돕는 것이다.

1990년대 말 이후로 나는 선교사로 살아왔다. 아랍 지역, 이른바 이슬람권이 나의 선교지였고, 나와 가족의 삶의 자리였다. 내 이웃의 절대다수는 무슬림이었다. 그곳에서 이방의 빛으로 살아가는 나의 삶은 어떠해야 했을까? 타의 모범이 되는 삶, 남들보다 더 나은 삶, 그리스도인으로서 무슬림보다 더 뛰어난 삶을 살아야 했을까? 그렇지 않았다.

내가 빛을 내서, 나를 통해 그들이 예수를 알 수 있도록 하는 것이 아니었다. 때때로 그들에게 예수를 소개할 수 있는 기회를 누리기도 했다. 이때도 나보다 못한 이들이 예수 믿으면 나처럼 살 수 있다는 것이 메시지가 아니었다. 예수 믿으면 나처럼 될 수 있다는 게 메시지가 아니었다. 나보다 훌륭한 이도 예수를 믿을 수 있다는 것, 그것이 복음이기 때문이다.

종종 이방의 빛이 되려는 사명감을 갖고 이슬람 세계를 찾는 이들이 있다. 안타깝게도 이들 중 상당수가 전쟁 (피)난민과 재난을 겪는 재해 난민을 그 대상으로 한다. 어렵고 힘든 길이다. 그런데 간혹, 예수를 믿지 않아서 그 난민들이 이런 고난을 겪는다고 여기는 이들이 있다.

한국교회가 전쟁의 폐허 속에서도 예수를 잘 믿어 잘사는 나라가 된 것처럼 그들도 그래야 한다고 진지하고 겸손하게 전하는 이들도 있다. 또 다른 한쪽에선 무슬림에 대한 거부감과 혐오를 안에 눌러 둔 채, 이 사명을 견디는 이들도 있다.

이방의 빛으로 사는 것은 장소의 문제가 아니다. 그저 누군가와 더불어 사는 것이다. 그들 속에서 등불을 품고 사는 것이다. 이것은 꼭 외국에, 이방 땅에 가야만 할 수 있는 것이 아니다. 내가 나고 자란 땅에서도 내가 사는 지역에서도 '이방인의 빛'이 될 수 있다. 한국을 찾은 이방인들 곁에서, 등불로 살아가며 그 삶의 자리를 분별할 수 있도록 도울 수 있는 일은 많고 많다. 오래전 이사야는 이렇게 고백했다.

"그가 이르시되 네가 나의 종이 되어 야곱의 지파들을 일으키며 이스라엘 중에 보전된 자를 돌아오게 할 것은 매우 쉬운 일이라 내가 또 너를 이방의 빛으로 삼아 나의 구원을 베풀어서 땅 끝까지 이르게 하리라"(사 49:6)

또 바울과 바나바는 '이방의 빛'의 몫을 다하는 '이방인의 사도'로서 자신들의 삶을 이렇게 고백한다.

"주께서 이같이 우리에게 명하시되 내가 너를 이방의 빛으로 삼아 너로 땅 끝까지 구원하게 하리라 하셨느니라 하니"(행 13:47)

이사야도 바울도 일찍이 하나님의 빛을 땅끝까지 이르게 하는 소망을 받았다. 그런데 2,700년 전 이사야가 본 세계와 2,000년 전 바울이 마주한 세계는 오늘 우리가 살아가는 세계와 다르다. 지금은 모든 나라가 작은 세계, 작은 지구가 된 지 이미 오래다. 그 옛날의 땅끝이 바로 내가 지금 살고 있는 삶의 자리가 될 수 있는 시대를 살고 있다. 그렇게 우리 곁 이방인의 빛으로, '이주민'의 빛으로 사는 것은 어떨까?

# 12
# 회복의 새 아침

"내 이름을 경외하는 너희에게는 공의로운 해가 떠올라서 치료하는
광선을 비추리니 너희가 나가서 외양간에서 나온 송아지 같이 뛰리라"
말 4:2

여러분과 함께 떠날 시간 여행은 기원전 430년경 유대 산
지의 한 들판이다. 들판으로 여행을 떠나는 이유가 있다. 그 옛
날 외양간이나 양 우리는 성안에 자리하지 않았다. 들판에 있
었다. 유대 땅에서 소는 아무 곳에서나 방목할 수 없었다. 주로
유대 산지와 블레셋 해안 평야 사이의 평지(쉐팔라 지역), 샤론
평야, 북쪽으로는 사마리아성 북쪽에서부터 골란 고원에서 소
를 키웠다. 그중에서도 유대 산지에서 가장 대표적인 목축 현
장으로는 벧세메스를 꼽을 수 있다.

들판에서 맞이하는 아침은 인상적이다. 바다 저 끝으로 저
물어 가는 일몰과는 사뭇 다른 느낌이다. 요단 골짜기 건너편

예루살렘 방향으로 밝아 오는 베들레헴 산지의 아침

모압 산지, 길르앗 산지 방향에서 먼동이 터 온다. 해를 맞는 이의 위치에 따라 그 해가 뜨는 지역이 다르게 다가온다.

시적인 묘사는 시인의 언어에 '공감'하지 못하면 암호처럼 느껴진다. 시의 언어가 함축적이기 때문이다. 그래서 시의 언어를 담고 있는 구절을 공감하기보다 분석하는 것이 더 편할지도 모른다. 그러나 공감을 통해 얻어지는 깨달음과 비교할 수는 없다. 지금부터 말라기 4장 2절 말씀을 시를 대하듯 공감하며 마주해 본다.

떠오르기 전, 해는 날갯짓을 하듯 붉은 기운을 사방에 퍼뜨린다. 수줍게 붉은빛을 띤 해가 얼굴을 들어 올린다. 그 햇살을 맞이하는 모두에 눈부심이 가득하다. 외양간에서 밤을 보낸 송아지와 소는 들판으로 나간다. 또 다른 일상이 열린다.

외양간에서 풀려난 송아지는 어떻게 움직일까? 본문이 "뛰어다닌다"고 하여 말처럼 달린다는 의미는 아니다. 그저 들판을 껑충껑충 뛰어나가는 송아지를 그리고 있다. 이 일상적인 장면을 말라기는 감각적이며, 역동적으로 그려 준다.

이것이 가능한 이유는 하나님이 비추시는 빛 덕분이다. 우리말 성경은 이를 '치료하는 광선'으로 옮겼다. 몸에 닿으면 아픈 곳이 막 회복되는 능력의 광선을 떠올릴 필요는 없다. 이 단어는 광선보다는 '날개'로 읽는 것이 더 낫다. 아침 햇살, 아침 날개, 해가 뜨기 전 하늘로 날갯짓을 하듯이 빛이 퍼지는 그 풍경 그대로이다.

고대 메소포타미아나 이집트에서는 태양신을 뜻하는 둥근 태양이 날개를 단 모습으로 그려지곤 했다. 말라기는 하나님이 어둠 가운데 놓인 이스라엘 백성에게 아침 날개를 펴서 새로운 회복의 아침을 안겨 주실 것이라고 말한다. 고대 이집트의 태양신도 유브라데(메소포타미아) 해의 신도 아닌 여호와 하나님께서 회복시켜 주실 것이라고 선포한다.

그런데 이 4장 2절 앞에서는 하나님이 "교만한 자와 악을 행하는 자" 모두를 맹렬한 불로 다 태우겠다고, 심판하겠다고, 지푸라기처럼 바람에 날려 버리겠다고 말씀하신다. 이들의 죄악

중에는 하나님이 십일조 등을 통해 마련하신 분배적 정의를 훼방한 것도 포함된다(말 3:7~12). 이렇게 말라기는 새로운 아침이 밝아 오는 것으로 맺는다. 2절은 하나님의 정의를 갈망하는 이들에게 잔잔하게 열리는 아침 풍경 같은 회복을 그려 준다.

이처럼 하나님의 정의와 심판은 입체적으로 드러난다. 한편으로는 징벌적 정의의 모습으로, 다른 한편으로는 회복적 정의의 모습으로 구현된다. 이런 소망을 전한 말라기 선지자가 살던 시대, 백성들이 살던 시대는 고통이었다. 믿고 의지할 것이 하나님밖에 없는 이들이 그 하나님조차 악한 자들에게 빼앗긴 형국이었다. '포로된 자의 하나님'이 마치 포로처럼 이용되었다. 이 시대 '포로된 하나님'의 백성은 어디에 있는가?

현실에서 징벌적 정의는 물론 회복적 정의를 맛보는 것은 이룰 수 없는 꿈만 같다. 일상에서는 물론이고 하나님 나라를 소망한다는 그리스도인 공동체에서도 크게 다르지 않은 듯하다. 그럼에도 하나님이 열어 주겠다 말씀하시는 그 회복적 정의의 아침을 기다린다. 분배적 정의가 일상이 되는 그 새 아침을 바라본다. 정의에 배고픈 이들이 악한 자를 짓밟는 그날, 그 악한 자들이 하나님의 심판을 받아 재가 되는 그 아침, 의에 굶주린 이들의 발바닥 밑의 재가 되는 그날 그 아침을 갈망한다.

# 13
# 횃불로 적의 눈을 어둡게 하셨다

"세 대가 나팔을 불며 항아리를 부수고 왼손에 횃불을 들고
오른손에 나팔을 들어 불며 외쳐 이르되 여호와와 기드온의 칼이다 하고"

삿 7:20

오늘의 시간 여행지는 출애굽 이후, 사사 기드온 시대의 한
전투 현장이다. 이스르엘 골짜기에서 벌어졌던 이 전투는 미디
안 군대 135,000명과 이스라엘 군대 32,000명이 참가한 엄청난
규모였다. 전쟁에 나선 이들 모두가 칼로 무장했으리라 생각할
수는 없지만, 그래도 엄청난 소품이 등장한다. 수많은 칼과 방
패, 창, 수레, 횃불, 항아리, 양뿔 나팔 등이다.

'기드온과 300용사 이야기'는 성경 독자들에게 참 익숙한 본
문이다. 흔히 이 말씀을 두고 기드온의 300용사들처럼 선택받
은 삶을 살라고 가르치는 경우가 많다. 그런데 우리는 시간 여
행자답게 보다 실제적으로 당시 현장을 살펴보려고 한다.

기드온과 300용사의 무장 상태가 어떻게 보이는가? 한 손에는 나팔을, 다른 한 손에는 횃불을 넣어 둔 항아리를 들고 있었을까(삿 7:16)? 그보다는 양뿔 나팔을 몸에 품은 채 한 손에 횃불을 들고, 다른 한 손으로 항아리를 들어 그 불빛을 가리고 있는 모습이 자연스러워 보인다. 당시는 항아리도 귀한 시대였다. 유약 없이 진흙을 구워 만든 작은 항아리는 음식을 삶거나 끓이는 용도로 사용할 만한 것이었다. 그것을 300개나 준비하는 것도 보통 일이 아니었다.

또 양측의 진영 배치에 주목해 보자. 성경 속 지명과 지형지물이 익숙하지 않아 한 번에 들어오지 않을 수도 있다. 모레산 앞 골짜기에 있는 미디안 군영과 하롯 샘 곁에 있는 기드온 군영 사이의 간격은 얼추 20~30킬로미터 정도로, 일반 군인의 걸음으로 하룻길 떨어져 있었다. 두 진영 사이에는 시야를 가릴 만한 '모레산'이 가로 막고 있다. 이 산은 기드온 군대나 미디안 연합군 주둔지와 고도 차이가 400미터나 된다.

기드온 군대가 진을 치고 있던 하롯 샘은 길보아 산지 기슭에서 터져 나오는 맑은 샘물이 나온다. 지금까지도 일급수로 손색없는 맑은 물이 샘솟고 있다. 이 샘에서 솟은 물은 32킬로미터를 흐르고 흘러 요단강에 합류한다.

이 지역에는 사사기 7장 5절에서 말하는 것처럼 만 명이 물을 마시기 위해 한 줄로 늘어설 만한 공간이 없다. 만일 문자 그대로 만 명이 시냇가 위아래로 늘어섰다면, 그 길이가 족히 4~5 킬로미터는 되어야 한다. 그들이 어디에 자리를 잡고 물을 마셨는지 확실하지는 않지만, 적어도 그 과정에서 손으로 움켜 입에 대고 핥는 자와 무릎을 꿇고 물을 마신 자를 구분하여 따로 세울만한 여건은 허락되었다고 볼 수 있다.

미디안 군대와 대치한 상황 중에 어떤 자세로 물을 마시는 것이 적절했나를 헤아려 본다. 하룻길 떨어진 곳에 적이 진 치고 있는 상황, 적의 공격이 예상되는 상황, 그 긴박한 상황에 전투에 참전한 군인이 물을 마신다면 어떤 자세가 적절한 것일까? 무릎을 꿇고 미디안 군대를 등지거나 응시하지 않은 채 물을 마시는 것일까? 아니면 미디안 진영이 있는 북쪽을 바라보며 물을 손에 움켜서 입에 대고 핥는 것일까? 성경이 이에 대해 어떤 판단을 하고 있을까?

더구나 왜 300명이었을까? 단지 소수를 선발하기 위해 그들을 택한 것일까? 물을 마시는 자세만으로 그들은 모든 조건을 충족한 것일까? 혹여 하나님이 이끄시는 전쟁이면, 별다른 조건을 갖추지 않은 이들도 아무런 문제없이 쓰임받는 것일까? 진인사대천명(盡人事待天命)의 자세는 이 상황에서 떠올리면 안 되는 것일까? 수가 적어도 잘 준비된 소수면 족하다는 것을 보여 주려는 것일까? 이런 물음들을 품고 현장을 계속 살펴본다.

"기드온과 그와 함께 한 백 명이 이경 초에 진영 근처에 이른 즉 바로 파수꾼들을 교대한 때라 그들이 나팔을 불며 손에 가졌던 항아리를 부수니라 세 대가 나팔을 불며 항아리를 부수고 왼손에 횃불을 들고 오른손에 나팔을 들어 불며 외쳐 이르되 여호와와 기드온의 칼이다 하고 각기 제자리에 서서 그 진영을 에워싸매 그 온 진영의 군사들이 뛰고 부르짖으며 도망하였는데"(삿 7:19~21)

사사기 7장 19~21절은 기드온 군대의 급습 작전을 입체적으로 보여 준다. 평야의 저지대에 진을 치고 있던 미디안 군대 앞에, 300~400미터나 높은 산 위에서 한밤중(이경 초, 밤 10시에서 새벽 2시)에 환한 불빛이 떠오른다. 이때 낮은 지역에 머물던 미디안 군대는 눈이 부셔 제대로 앞을 보지 못했을 것이다. 마치 야간 경기장의 조명 타워에 불이 켜지면 눈이 부신 것처럼, 깊은 밤 타오르는 300개의 횃불은 그들의 시야를 가리는 그야말로 공포의 불꽃이었다.

밤에 켜진 등불은 누군가의 앞을 밝혀 줄 뿐이지만, 무리 지어 켠 횃불은 미디안 군대의 눈을 가리기에 충분히 밝은 빛이었다. 그 빛으로 피아 식별을 하지 못하고 좌충우돌하던 미디안 군대는 결국 패주하고 만다.

그렇다면 이 역사적인 순간에 참여하지 못한 이들, 300명에 들지 못한 이들은 순간의 선택을 잘못한 실패자였을까? 그렇지 않다. 분명 그들은 각각 자기의 처소로, 자기 장막으로 돌아갔다. 군대가 모였던 군영이 아닌 자신의 고향집, 거주지로 돌아갔다. 그런데 사사기 7장 23~24절을 보면 이들이 미디안 군대 추격 작전에 참여하고 있다.

> "이스라엘 사람들은 납달리와 아셀과 온 므낫세에서부터 부름을 받고 미디안을 추격하였더라 기드온이 사자들을 보내서 에브라임 온 산지로 두루 다니게 하여 이르기를 내려와서 미디안을 치고 그들을 앞질러 벧 바라와 요단 강에 이르는 수로를 점령하라 하매 이에 에브라임 사람들이 다 모여 벧 바라와 요단 강에 이르는 수로를 점령하고"

당시 전투가 벌어졌던 지형에 주목하자. 이스르엘 골짜기에서 요단 골짜기로 이어지는 경로는 미디안 군대의 퇴로였다. 그 퇴로에 자리 잡은 마을로 돌아간 이들이 다시 부름받아 미디안의 퇴로를 차단하고, 미디안 군대를 치고 있다. 이 장면이 어떤 느낌으로 다가오는가? 300명의 선발대와 미디안 군을 둘러싸고 있는 나머지 병사에 차등이 있는가? 차별이 있는가?

스불론, 납달리, 아셀, 므낫세 지파는 앞서 언급했던 모레 산의 남, 서, 북쪽에 자리했다. 지도를 놓고 보면, 300명의 선발대에서 빠진 이들은 미디안 진영 후방에 배치된 것이 아니었다. 그들은 미리 미디안 연합군의 퇴로에 자리 잡고 있었다. 그리하여 각각 자기 처소, 자기 장막에서 나와서 자기 지역을 통과하는 미디안 군대를 맞닥뜨린 것이다. 사사기 7장의 전투는 이런 배경 아래서 기드온 군대의 승리로 끝이 난다.

미디안 연합군과의 전투에서 승리한 것은 300명과 자기 처소로 돌아간 군대의 협공 덕분이다. 그렇다면 300명 선발에서 빠진 이들은 실패자가 아니다. 싸움에 부적절한 자가 아니라 퇴로를 차단하는 역할을 제대로 수행한 것이다. 기드온은 군사 작전에 있어서 다 계획이 있었던 것이다.

오늘날 우리는 너무 쉽게 성공과 실패, 승자와 패자를 가르고 판단하는 시대를 산다. 승자가 모든 것을 다 차지하는 '승자독식'이 당연한 듯 살아가기도 한다. 그러나 기드온의 이야기는 다른 것을 말하고 있다. 기드온과 300용사는 영웅이고 그 선발에 들지 못한 31,700명은 낙오자가 아니다. 그들은 끝내 함께 승리했다. 이렇듯 우리가 사는 일상에는 서로의 몫이 있고, 그것을 배려하고 격려하고 존중하고 함께하는 열린 시선이 필요하다.

# 14
# 지도자를 횃불 삼아

"그 날에 내가 유다 지도자들을 나무 가운데에 화로 같게 하며
곡식단 사이에 횃불 같게 하리니 그들이 그 좌우에 에워싼 모든 민족들을
불사를 것이요 예루살렘 사람들은 다시 그 본 곳 예루살렘에 살게 되리라"

슥 12:6

우리의 시간 여행은 계속 이어진다. 2,500년 전 예루살렘으
로 발걸음을 향한다. 유다 지도자들의 생활 공간에서 그들을
만난다. 고기를 삶는 마당으로, 곡식을 수확하는 들판으로 향
한다. 스가랴 12장 6절은 상당히 시각적이다. 붉은빛으로 가
득하다. 붉은 불꽃, 붉게 타오르는 뜨거운 불씨 등이 먼저 보인
다. 그리고 하늘로 흩어지는 회색빛 재들도.

이 예언의 말씀을 읽으면서 그 옛날, 숯불을 피워 음식을 하
던 이스라엘의 일상이 떠오른다. 추수와 탈곡을 마친 뒤 쭉정
이를 불로 태우는 풍경도 다가온다. 음식을 삶거나 무언가 끓
일 때 사용하던 토기 그릇이 빨갛게 달아오른 장면도 떠오른

다. 또한 뜨거운 불에 달궈져 쇠붙이를 녹이고 있는 도가니도 떠오른다. 밀이나 보리 추수철, 들판에 곡식단을 모아 놓고 그것을 지키고자 켜 놓은 타오르는 붉은 횃불도 떠오른다.

고대 이스라엘의 토기, 워싱턴 DC 성경박물관

이렇듯 본문을 통해 그려지는 나뭇단 사이에 과열된 도가니나, 곡식단 사이에 타는 횃불은 모두 붉게 타오르는 이미지를 갖고 있다. 화로가 되고 횃불이 된 유다 지도자들이 예루살렘을 공격하는 적을 완전히 불태울 것이라는 하나님의 섬뜩한 승리의 예언이다. 사실 예언서에서 이스라엘의 여러 지도자들은 이스라엘과 유다를 망하게 한 장본인으로, 하나님의 심판 대상으로 주로 등장한다. 그런데 이 본문에서는 유다 지도자들이 지도자의 몫을 한 번 발휘했다.

횃불, 화로, 항아리 등이 떠오르는 위 장면은 기드온과 300 용사가 미디안 군대를 무너뜨릴 때의 장면도 떠올리게 한다. 이 이야기를 들으면서 그 옛날 기드온 시대의 300용사가 거둔 큰 승리를 다시 기대했을 청중도 있었을 것 같다.

저자는 성경의 땅에서 성경에 등장하는 사람들의 후예를 직접 만나서, 그들의 언어로 직접 대화를 하고, 그들의 음식을 먹으며, 그들과 친구가 되어, 그들이 머무는 곳에서 며칠 밤을 보내면서, 온 몸으로 성경의 문화를 체득한 독특한 경험의 소유자이다.

그의 『오감으로 성경 읽기』는 이미 정평이 나 있다. 이 책도 시각, 청각, 촉각, 후각, 미각을 동원하여 성경과 교감하며 몸으로 읽어 낸 성경 읽기이다. 성경 설명을 들으면, 성경의 본문이 입체적으로 펼쳐진다. 또한 익숙한 본문 속에서 전혀 새로운 내용이 발견된다. 그래서 저자를 만나면 시간 가는 줄을 모르고, 밤이 맞도록 그의 성경 이야기에 몰입되어 경청하게 된다.

전문주석서나 성서학전문서에서도 들어 볼 수 없는 새롭고 신기한 내용으로 채워지기에 성서학자인 필자도 그 앞에 서면 눈이 동그래지는 학생이 된다. 그때마다 함께 나눈 성경 이야기를 책으로 출간하기를 간청하였다. 이에 부응하기라도 한 듯, 또 한 권의 반가운 책이 우리 손안에 들어오게 된다.

저자는, 성경에 나오는 등잔, 등불, 빛에 대하여 관련 본문을 새롭게 묵상한다. 관련 본문의 장면을 영화감독같이 원래의 모습 같은 세트장으로 복원시킨다. 도시, 등장인물, 소품, 시기, 계절, 시간, 온도, 공기, 습도, 냄새까지 하나도 놓치지 않고, 철저히 고증을 거치듯 복원해 낸다.

그가 파헤친 성경 본문의 실체와 실제는 마치 오늘의 우리를 시간 여행으로 초대하여 "그때, 그곳"으로 안내한다. 본문 설명은 타임머신을 타고 과거로 돌아가, 성경 본문의 현장을 직접 보고, 듣고, 만지고, 냄새를 맡고, 맛보게 한다.

이를 통해 우리에게 익숙한 본문이 전혀 다른 말을 한다. "이 본문에 이런 깊은 뜻이!" 하며 무릎을 치는 일이 반복될 것이다. '반전의 연속'이 펼쳐지는 이 책은 성경을 입체적으로 읽는 것에 관심이 있는 일반 독자와 성도들, 그리고 무엇보다 성경을 보다 깊이 생동감 있게 설교하기를 원하는 목회자들에게 적극적으로 추천하고 싶다. 등잔, 등불, 빛을 새롭게 풀어낸 이 책을 통하여 새로운 빛을 발하는 기회가 되기를 바란다.

차준희 | 교수

리브가와 이삭의 만남,
1896~1902, James Tissot

# 신약에서 읽는 등잔 이야기

신약 시대로 시간 여행을 떠난다. 잔칫집에서 들러리로 전락한 여인들의 사연에 주목하고, 한밤중에 종을 섬기는 주인의 놀라움도 살핀다. 오병이어 현장에서 등불 대신 마음의 등불이 켜진 기적을 맛본다. 하나님이 밝혀 주신 내몸의 등불을 확인하고, 여성이 주인 되는 여성 서사를 보는 눈이 열리는 것을 느낀다. 졸다가 죽었다가 살아난 유두고의 열심을 재발견하고, 간수의 마음에 비췄던 등불에 대해 살펴본다. 또 엠마오의 어두웠던 등잔 밑을 밝혀 준 만남을 그려 보고, 작은 로마 디베랴에서 맞이한 베드로의 새날을 응원한다.

The Night School, 1660~1665, Gerrit Dou(오른쪽 페이지)

빛의 역할은 자신을 드러내지 않는다.
다른 존재를 드러내 준다.

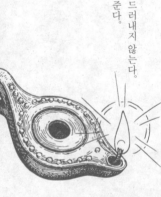

# 15

# 들러리로 전락한 여인들

> "미련한 자들은 등을 가지되 기름을 가지지 아니하고
> 슬기 있는 자들은 그릇에 기름을 담아 등과 함께 가져갔더니"
>
> 마 25:3~4

익숙한 장소나 친숙한 인물, 또는 만나고 싶은 사람을 만나러 가는 여행을 떠올려 보자. 기대감으로 가득 차오르는 듯하다. 여러분과 함께 갈 시간 여행은 '어리석은 처녀들과 슬기로운 처녀들' 이야기로 잘 알려진 그곳이다. 찾아가는 장소는 예루살렘 성 동쪽 감람산이다(마 24:3).

그렇지만 마태복음 25장 1~13절에 담긴 이 이야기의 무대는 구체적이지 않다. 이 예화 속의 장소는 어느 신붓집이다. 이 비유를 주고받던 곳은 예루살렘이다. 감람산에서 성전을 바라보며 나누는 이야기이다. 예루살렘 성전과 감람산 사이의 기드론 골짜기, 곧 여호사밧 골짜기는 마지막 심판이 펼쳐지는 자

리이다(욜 3:12). 이 이야기를 주고받는 이들, 아니 예수의 이야기를 듣는 제자들과 청중들은, 마치 방구석 1열에 자리 잡고 종말과 심판의 날, 그 현장을 바라보는 것 같은 느낌을 준다.

이 한 편의 드라마를 주고받던 시간은 언제쯤이었을까? 서늘할 때(15:00~18:00), 저물 때, 밤중, 닭 울 때(01:00~04:00), 새벽(04:00~해뜰 때), 아침, 낮 중 언제였을까? 마태의 눈길을 따라가면, 최소한 예수와 제자들은 어느 날 이른 아침(마 21:18, 24:1)에 예루살렘 성을 방문했다. 그리고 이 이야기가 무르익고 있을 때는, 서늘할 때를 넘어서서 하루 해가 저물 때이다.

본문의 등장인물은 예수와 청중(대사가 나오지 않는다)이다. 예수의 이야기 속 등장인물을 보자. 신랑, 열 처녀, 신랑이 온다고 통지하는 어떤 사람이 나온다. 분명 혼인 잔치에서 놓치면 안 되는 인물이 있다. 신부이다. 그런데 신부는 예화 안에 전혀 언급되지 않는다.

이 예화에 등장하는 소품은 여러 가지이다. 그 가운데 불을 밝히는 것과 관계된 물품부터 찾아보자. 등잔, 기름, 기름을 담은 그릇이 나온다. 당시 등잔은 어떤 모양이었는지, 주로 흙을 구워서 만들었을 그릇은 어떤 것이었는지 확인해 보자.

이 이야기를 마주하면서 어떤 느낌이 드는가? 무엇보다 신랑은 왜 밤중에 오고 있는 것일까? 떠오르는 질문을 모아 보자. 아마도 수많은 질문이 가능할 것이다. 이 질문을 읽어 가는 것

헤롯 시대 등잔

이 버거울 수도 있겠지만, 천천히 따라가면 좋겠다.

이 이야기는 어느 계절을 배경으로 하고 있는지 나오지 않는다. 한밤중의 어떤 분위기를 떠올릴 수 있는가? 시각과 청각, 촉각과 후각을 살려 질문을 던지면서 이 이야기를 살펴보자. 또 열 명의 처녀들이 준비한 등불의 색감은 어땠을까? 손잡이도 없는 등잔을 갖고 있는 열 처녀를 그려 보자. 그리고 집 밖으로 신랑을 맞으러 갔을 때, 바람으로부터 등불을 보호하며 움직여야 했기에 서둘러 움직일 수 없다는 것을 생각해 보자.

슬기로운 자와 미련한 자로 가르는 기준은 무엇이었는가? 슬기로운 자들이 "너희 기름을 좀 나눠 달라"던 미련한 자들의 요청을 거절한 것에 대해서는 어떤 생각이 드는가? "우리와 너희가 쓰기에 다 부족할까 한다"는 슬기로운 자들의 말을 들으면서 무엇이 느껴지는가? 한 숟가락 정도의 기름이면, 밤을 밝힐 수 있었다는 것을 생각하자.

예수 시대, 그 시절의 결혼 풍경은 어땠을까? 당시의 결혼 문화를 바탕으로 볼 때, 이 열 처녀 비유에 나오는 혼인 풍경은 그냥 일상적인, 그저 자연스러운 묘사일까? 아니다. 왜 아닌지 몇 가지를 짚어 보고자 한다.

사실 이 예화는 어떤 종류의 실제 이야기도 바탕에 깔려 있지 않다. 그래서 인물과 시점과 장소를 특정하여 짚어 볼 여지가 전혀 없다. 다만 이 비유를 주고받던 곳을 마태는 분명하게 언급할 뿐이다.

무엇보다 예수의 열 처녀 비유는 그 시대의 결혼 풍습을 소개해 주는 것이 목적이 아니다. 당시의 결혼 풍습에 대한 이해를 활용하고 있음에도, 그 풍습 자체를 객관적으로 서술하는 것에 크게 주목하지도 않는다. 왜일까? 또 천국이 등을 들고 신랑을 맞으러 나간 열 처녀 자체와 같다고 말하는 것도 아니다. 그렇다면 열 처녀의 어떤 처지, 상황과 천국의 어떤 모습과 특징을 비교하고 있는 예화일까?

우리나라 전통 결혼에서는 신랑이 처가(장가)에 가서 잔치를 하고 신부가 시집에 와서 잔치를 했다. 마찬가지로 고대 이스라엘의 결혼 풍습도 먼저 장가가고 나중에 시집을 갔던 것 같다. 신랑 집에서의 잔치는 시간과 장소를 미리 결정하여 하객들에게 알려 줬다. 요한복음 2장의 갈릴리 가나 혼인 잔치가 그 예이다.

문득 궁금하다. 그렇다면 이 열 처녀 이야기는 깨어 있는 삶을 살아가야 할 이유를 말해 주는 비유일까? 예수 재림의 날을 기다리며 살아야 한다는 교훈일까? 재림의 날을 준비성을 갖고 기다려야 한다는 교훈을 말하는 것일까?

예화 속 열 처녀는 모두 신부의 들러리들이다. 신랑을 맞이하는 신부라고 풀이하는 경우도 있지만, 그것은 본문의 맥락이나 유대의 문화적 배경을 바탕으로 할 때 적절하지 않다. 왜냐하면 본문에서 신랑은 여러 명이 아니라 한 명만 나오기 때문이다. 슬기 있는 다섯 명의 처녀가 신랑과 함께 혼인 잔치에 들어갔다고 비유에는 적혀 있다. 그래서 여기서 나오는 처녀는 신부가 아니라 신부의 들러리이다.

일반적으로 들러리들은 결혼한 지 얼마 안 되었거나 적령기에 있던 신부의 지인(친지나 친구나 이웃)이 맡곤 했다. 그렇다면 신부와 나이 차이가 그리 많지 않은 13세 전후의 어린 소녀들이었을 듯도 하다. 물론 당시 모든 결혼식에 들러리들이 등장하는 것은 아니었다.

그런데 이상한 장면이 이어진다. 들러리들이 각자 개인적으로 기름과 등을 준비해야 했다. 이는 비현실적이다. 또 미련한 자들은 '등을 가지되 기름을 가지지 아니 하였다'고 하는데, 뒤에서는 그들이 '등불이 꺼져' 간다고 말한다. 본문 안에서 묘사하는 것이 다르다. 신랑을 환영하기에 적절한 기름을 준비했는데, 신랑을 맞이하는 대기 시간이 길어져서 준비된 기름이 다 떨어졌다는 것을 전달하는 듯하다. 예화 속 신랑이 늦어져도 너무 늦어진 것만 같다.

앞서 이야기했지만 등불을 밝히려면 등잔, 기름, 심지, 불씨가 필요했다. 등잔의 크기라고 해 봤자, 손안에 잡힐 정도였다. 진흙을 빚어 초벌구이 하여 만든 등잔을 준비할 정도면 들러리들의 집도 나름 살림이 괜찮은 편이었을 듯하다. 마치 한국에도 수십 년 전 전깃불 없는 집이 있었던 것처럼, 그 옛날 이스라엘에도 등불 없던 집이 많았을 것이기 때문이다.

신랑이 밤중, 한밤중에 왔다는 것은 너무 늦은 시각이 아니었다. 그런데 그 시각에 열 처녀가 다 졸며 자고 있었다는 것도 특이하다. 자연스럽지 않다. 우리나라 옛날 습관에 빗댄다면, 밤마실 문화가 있었다면, 전혀 늦은 시각도 아니었다. 여러 맥락에서 밤중은 자정을 전후한 시각으로 볼 수 있다. 무엇보다도 신부의 들러리로서 특별한 날, 그 시각까지 잠을 자지 않는 것은 그리 어려운 일이 아닐 것이다. 그런데 그 시각에 졸고 자고 있었다는 것이다. 이상하다.

혹시 이런 배경에는, 열 처녀가 신부 측에서 하루 저녁부터 그 밤중까지 신랑이 오기를 기다린 것이 아니라 며칠씩 기다렸음을 말하는 것은 아니었을까? 나는 이런 해석의 가능성에 주목하고 싶다. 특별한 이유는 없다. 그냥 그렇다. 여러 날 대기 중이었던 것이 아니라면, 왜 신부 들러리들이 졸았을까? 자고 있었을까? 이어지는 내용 역시 불투명하고 비현실적이다.

"그 처녀들이 다 일어나 등을 준비할새" 이는 비현실적이다. 신부 들러리들이 등불 밝힐 기름도 개인이 마련해야 했다니 말이다. 신부 측에 마련된 등불 기름이 없었다는 것도 일반적이지 않다. 자연스럽지 않다. 모든 들러리들이, 신랑 맞이하라는 통지를 받고, 집 밖으로 나가서, 이미 신랑을 맞이했던 것이 아니었던가? 신랑을 맞이할 준비하라고 말한 사람이 나귀라도 타고 달려온 것인가? 왜 도착한다는 소식 이후에도 신랑의 등장이 지체된 것인가? 신랑 행렬이 신부와 들러리들로부터 아주 먼 거리에 떨어져서 온다는 것이었을까?

"우리 등불이 꺼져가니 너희 기름을 좀 나눠 달라" 예수 시대에 들러리들은 신붓집에서 아주 멀리까지 나가서 신랑을 맞이하지 않았다. 그저 신부의 집 가까운 곳에서 신랑을 맞아하여 집으로 안내하는 몫이었다. 신부 들러리의 역할은 집 밖에서 등불로 길을 열어 신랑을 맞이하는 것이다. 신랑을 맞이하여 신붓집까지 등잔 퍼레이드를 하는 것이 아니었다. 더구나 이 시대에 사용하던 등잔에는 한 숟가락 정도의 기름만 넣어도 한두 시간은 불을 밝힐 수 있었다.

"파는 자들에게 가서 너희 쓸 것을 사라" 그 한밤중에 기름 파는 집이 영업을 하고 있었다는 것이었을까? 그것이 전혀 자연스럽지 않다. 한밤중에 별빛 달빛을 의존하며 살아가는 것이 평범한 백성들의 삶이었는데, 그 늦은 시각에 굳이 등불을 밝혀야만 하는 손님이 있기나 했겠는가? 마태가 예수의 열 처녀 비유를 전하면서, 있지도 않을 손님을 기다리는 기름 파는 집이 있었다고 설정한 것은 그 시대 상황을 고려하면 전혀 자연스럽지 않다.

"준비하였던 자들은 함께 혼인 잔치에 들어가고 문은 닫힌지라" 신랑이 신붓집에 들어갈 때 등불 밝히고 있는 들러리 외에 다른 들러리나 사람들의 입장을 막았다는 이 장면도 이상하다. 신붓집인데 신랑이 하객이나 들러리를 좌지우지했다면 더 이상하다. 어떤 이들은 신붓집에 도착한 신랑을 들러리들이 맞이한 다음에, 다시 신부와 신부의 들러리들이 신랑 집으로 등불을 켜고 이동했다고 말하지만 그 또한 자연스럽지 않다.

"주여 주여 우리에게 열어 주소서" 그 옛날 예수 시대에 신랑을 주로 부르는 장면도 이상하다. 당시 '주'는 상전을 뜻하는 것 말고도 여러 가지 의미로 사용되기는 했다. 그렇다고 신랑을 주로 일컫는 것은 일반적이지 않다. 가장 정치적으로는 "가이사는 주님이십니다(Kyrios Kaisar)"라고 고백하기도 했다. 이 이상한 신랑이라는 자는 자기가 무슨 황제라도 된 것처럼 무례한 짓을 한 것이다.

그 시대의 언어 표현으로 적절하지 않지만 '신랑의 갑질'로 부를 만하다. 그가 임의적으로 자신의 권한을 넘어서서, 미련한 자로 묘사되고 있는 다섯 명의 여인들을 통제하고 있다. 자의적이고 제멋대로 행동한 것이다.

당시 이 비유를 접한 이들도 신랑의 말과 행동에 거부감을 가졌을 것 같다. 그런 일은 벌어질 수 없는 것이기 때문이다. 그야말로 다섯 여인은 신랑의 부당한 행동으로 아픔을 겪은 것이다. 그들의 존재감을 부정당한 것이다. 단지 신랑을 환영하는 길잡이이자 신부의 들러리로서, 등불 밝힐 기름이 없다는 이유로 그런 일을 겪은 것이다. 이 비유를 마주하면서 신랑의 부당한 행동과 다섯 여인의 부당한 처지를 같이 떠올린다.

지금까지 살펴본 것처럼 이 이야기는 예수 시대의 결혼 풍습에 비춰 볼 때, 또 등불 사용에 대한 이해를 바탕으로 할 때 자연스럽지 못한 것이 많다. 과도한 상황 설정이 이 비유에 담긴 것이다. 특별히 신랑의 그릇된 행동이 두드러진다. 어떤 강조점을 살리기 위해 예수는 비현실적인 신랑의 행동을 묘사하는 것 같다.

예수의 예화에 등장하는 상상을 초월하는 갑질 신랑은 우선은 황제였다. 앞서 이야기한 것처럼 '주'로 일컬어질 수 있는 최고 권력자는 황제였다. 그에 맞는 것으로 보이는 실제 인물도 있다. 세례 요한의 죽음 사건에 연루된 인물 헤롯 안티파스이다.

그는 세례 요한의 강렬한 반발과 저항을 촉발시킨 인물이기도 하다. 그의 결혼은 희대의 사건이었다. 기원후 23년경, 그는 이복동생 헤롯 빌립의 아내이자 살로메의 모친인 헤로디아와 결혼했다. 이 결혼에 반대하는 유대 지도자들의 반발과 저항도 적지 않았다.

한편 복음서는 제자들과 먹고 마시기를 힘쓰는 예수를 그린다. 그는 혼인잔치 손님과 함께 먹고 마시는 신랑이었다.

# 16

# 한밤중에 종을 섬기는 주인

～

"허리에 띠를 띠고 등불을 켜고 서 있으라"

눅 12:35

여러분과 함께 오늘 이야기 속으로 시간 여행을 하려고 하니 난감하다. 그것은 방문 장소를 구체적으로 정할 수가 없기 때문이다. 갈릴리 지역이나 사마리아 지방은 분명히 아니다. 예루살렘 성안도 아니다. 베다니도 아니다. 감람산 지역으로 보이는데, 그 장소를 특정할 수는 없다.

누가는 이곳에 수만 명이 모였다고 소개한다(눅 12:1). 소일거리가 없던 그 옛날 갈릴리에서도, 이곳 예루살렘 감람산 지역에서도 예수 주변으로 수만 명이 모여든다. 갈릴리에서는 갈릴리 호수가 모여든 무리의 시야에 가득 찼을 텐데, 감람산 지역에 모여든 이들 눈앞에는 로마화된 도시 예루살렘과 그 안의 성전이 펼쳐지고 있었을 것이다.

누가복음 12장 35~48절의 등장인물은 예수, 베드로, 제자들이다. 또한 예수의 예화 속에 등장하는 이들이 있다. 첫 번째 예화에는 주인을 맞이하려고 기다리는 사람, 혼인 잔칫집에서 돌아온 주인, 그 주인의 종들, 어느 집 주인, 도둑이 나온다. 두 번째 예화에는 어떤 주인, 청지기, 주인의 종들이 나온다. 이 예화 가운데 등잔을 매개로 풀어 보는 본문은 35~36절이다.

"허리에 띠를 띠고 등불을 켜고 서 있으라 너희는 마치 그 주

로마의 향연(심포지움, 19세기 후반, Roberto Bompiani, 게티 박물관

인이 혼인 집에서 돌아와 문을 두드리면 곧 열어 주려고 기다

리는 사람과 같이 되라"(눅 12:35~36)


이 예화를 읽기 위해 던져야 할 질문이 한가득이다. 이야기 속 주인은 유대인일까? 이스라엘(갈릴리) 사람일까? 아니면 로마인일까? 예수의 이야기를 듣던 이들은 그의 정체성을 떠올릴 수 있었을까? 혼인 잔칫집은 유대인 가정일까? 아니면 로마인의 잔치였을까? 평소에 이 이야기를 읽으면서 던지지 않던 질문을 하는 것이 쉽지는 않다.

일반적으로 유대 혼인 잔치의 경우 사전에 시작 시각이나 장소 등을 초대받은 손님들에게 알려 주곤 했다. 물론 정확한 시각이라는 것은 없었다. '몇 시 몇 분'이 아니라 '오후에' 혹은 '저녁에', 이런 식으로 알려 준 것으로 보는 것이 자연스럽다.

이때 잔치가 며칠 동안 진행될 것인지도 공지된다. 그것은 잔치를 준비하는 쪽에서 진행을 위해 필요한 것이지만, 한편으로는 그 기간 동안 특별한 손님이 머물 공간을 미리 마련하기 위함도 있을 것이다. 들판이나 전통 마을의 공터에서 진행되는 잔치라면, 그 잔치가 벌어지는 유목민 천막에서 먹고 마시고 이야기를 나눌 것이다. 로마인의 잔치였다면 이와는 달랐을 것이다.

오래전 요르단 남부 페트라에서 멀지 않은 곳, 에돔 산지의

한 들판에 살고 있는 유목민 천막을 방문한 적이 있다. 물론 내가 초대해 달라고 하고서 간 잔치 자리였다. 동네 주민 50~60여 명과 같이 준비된 양고기를 먹고, 마시는 요구르트 등을 곁들여 식사를 했다.

그 후 귀가할 사람들은 귀가하고, 남는 사람들은 남아서 커피와 차를 마시며 그 천막에 깔린 매트리스 위에 눕거나 기대거나 하면서 시간을 보냈다. 새벽 시간이 되어서야 외부 손님들은 다 빠져나가고 가족들만 남았다. 그렇게 저마다 다른 일정으로 자리를 뜨는 모습을 보며, 나는 그 옛날 전통적인 유대와 갈릴리 지역의 잔칫집 분위기는 어떠했을까 상상했다. 아마도 이와 비슷했을 것 같다.

앞에서 짚어 봤던 잔치 초대 관습을 생각하면, 혼인 잔칫집에 간 주인이 어느 날 귀가하는지 종들이 모를 수가 없다. 다만 잔치를 마치고 주인이 귀가하는 정확한 시각은 알지 못했을 것이다. 시도 때도 모른 채 무작정 주인의 귀가를 기다리는 모습을 떠올릴 필요가 없다. 비현실적인 설정이다. 우리가 주목해야 할 것은 따로 있다. '허리에 띠를 띠고 등불을 켜고 서 있는' 장면이다. 이것은 문자 그대로 이렇게 준비하라는 뜻이기도 하고, 그 모습을 일반화한 표현이기도 하다.

여기서 등잔의 존재감을 읽어 보자. 이 등잔은 등경 위에 두고 방 안에 고정하여 사용하는 그런 종류의 등잔이 아니다. 휴대용 등잔 또는 이동용 등잔을 뜻하는 것으로 보인다. 이런 등잔(λύχνος, luchnos)은 대제사장이 보낸 예수 체포조가 휴대한 것으로 나오는 그런 류의 등잔(λαμπάς, lampas)을 떠올리게 한다 (PART 5의 〈악한 자의 몸짓은 밤에도 불타오른다〉 참조). 물론 성경에 사용한 두 단어는 차이가 있다. 여하튼 휴대용 등잔은 손잡이가 있는 듯 없는 듯한 일반적인 등잔, 토기로 만든 등잔이 아니다. 청동으로 만든 손잡이가 두드러진 등잔, 휴대와 이동이 자유로운 등잔으로 볼 수 있다.

등잔을 사용한다는 것은 당시 로마 문명의 혜택을 크게 누리는 여유 있는 집이라는 사실을 보여 준다고 언급했다. 휴대용 등잔을 사용하고 있다면, 그것을 하인들이 주인을 맞이하기 위해 사용하는 집이라면 더욱 부유한 집으로 볼 수 있다. 게다가 귀하기만 했던 올리브기름을 태우며, 주인을 기다릴 여유가 있다는 것은 더더욱 생활에 여유가 넘치는 집인 것을 떠올리게 한다.

그런데 나의 눈길을 끄는 것은 따로 있다. "주인이 띠를 띠고 그 종들을 자리에 앉히고 나아와 수종들리라"(눅 12:37)는 표현이다. 분명 주인이 수종을 받아야 마땅한데 역할의 역전이 일어났다. 기다렸던 종에게 뜻밖의 일이 일어났다. 주인이 종이 되고 종이 주인이 되는, 종이 잔치의 주인(주인공)이 되는 것은 그야말로 판타지이다.

이렇게 로마 문화를 여유롭게 향유하던 이 주인은 누구를 떠올리게 할까? 부유한 유대 권세가일 수도 있고, 힘 있는 로마인일 수도 있을 것이다. 예화의 특성을 고려하면, 당시 사람들에게는 척하면 척인 어떤 특정 인물일 수도 있겠다. 이 예화를 듣는 이들이 떠올렸을 주인이 황제이든, 왕이나 통치자이든, 권력자나 작업장의 주인이든, 그 주인의 섬김을 받으면서 잔치를 즐긴다는 것은 유쾌하기조차 하다.

또한 예수께서 띠를 띠고 제자들을 자리에 앉히고 발을 씻기고 종이 되어 섬겼던 장면을 떠올리면 마음이 아련해진다. 허리에 띠를 띠고 등불을 켜고 서 있는 제자의 모습이, 마치 실내등, 안전 출구 표시등 같이 다가온다. 방향을 알려 주고, 도움이 필요하면 다가설 수 있는 그런 몫을 다하는 이로 느껴진다. 거대하고 거창한 일을 하지 않았어도 자기 자리를 지키고 거기 있어 준 것만으로 고마운 이들이 있다. 그런 이들이 허리에 띠를 띠고 등불을 켜고 깨어 있는 이들이다. 자기 자리를 지키는 것, 자기 몫을 다하는 것은 무엇일까, 다시 되묻는다.

# 17
# 오병이어, 마음의 등불이 켜진 기적

"저녁이 되매 제자들이 나아와 이르되
이 곳은 빈 들이요 때도 이미 저물었으니
무리를 보내어 마을에 들어가 먹을 것을 사 먹게 하소서"

마 14:15

물고기 두 마리와 보리떡 다섯 개로 5,000명을 먹이신 오병이어의 기적 이야기, 기독교 신앙을 모르는 이들까지 들어 봤을 정도로 많은 이들이 알고 있다. 그런데 예수 영화를 보면, 이 사건을 환한 대낮에 일어난 것처럼 그리곤 한다. 성경을 읽는 이도 설교를 하는 이도 예수가 빵을 들어 축복하는 장면을 누구나 다 볼 수 있었던 대낮의 사건으로 생각한다.

나도 그랬다. 별다른 고민을 하지 않았고, 사건이 벌어진 장소나 시간대는 생각도 하지 않았다. 전도 훈련을 시킬 때 한 어린아이의 작은 섬김이 만든 엄청난 축복의 예화로 사용했다. 그러다가 어느 날 이 사건이 엉뚱하게도 밤에 일어난 것을 자각하고 말았다. 성경에는 '때가 이미 저물었다'라고 분명히 쓰여 있었다. 이어지는 이야기의 흐름은 늦은 오후를 넘어 해가 이미 저문 다음, 즉 밤 시간에 오병이어 사건이 벌어졌음을 그리고 있다.

이번 시간 여행의 행선지는 갈릴리 지방, 벳새다 성 가까운 들판이다(마 14:13~21, 막 6:30~44, 눅 9:10~17, 요 6:1~14 참조). 이 들판은 갈릴리로 흘러 들어오는 요단 강변에 자리하고 있다. 이곳은 주변 지역보다 낮은 지대에 있다. 산이나 언덕이 아니라 낮은 평지이다. 봄철이면 종종 갈릴리 호수가 역류하거나 범람해 물에 잠기기도 했다. 화산으로 인해 형성된 검은색 현무암, 짙은 붉은색 토양 위에 푸른 풀과 노란색 겨자꽃이 가득 넘쳐났다.

이 들판에 함께 있었을 등장인물은 예수, 베드로, 제자들, 예수를 보기 위해 몰려든 남자 5,000명과 많은 수의 여자와 어린이 등이다. 이야기 속에 등장하는 소품은 예수와 다른 이들이 탄 배, 떡 다섯 개와 물고기(말린 생선) 두 마리, 열두 바구니 그리고 수많은 떡과 말린 생선이다.

이야기는 어느 봄날의 늦은 오후, 저녁 무렵에 시작한다. 오병이어 사건은 해가 저문 뒤인 밤중에 이어졌다. "그러므로 깨어 있으라 집 주인이 언제 올는지 혹 저물 때일는지, 밤중일는지, 닭 울 때일는지, 새벽일는지 너희가 알지 못함이라"(막 13:35)

라는 말씀처럼 이제 유대인의 시간 개념에 따르면 '밤중' 시간
이다.

해가 진 다음 들판에 서 본 적이 있는가? 그렇다면 지금, 해
가 진 다음 붉은 노을이 깔린 하늘과 붉은빛으로 점점 물들어
가는 갈릴리 호숫가에 자리한 벳새다 들판을 떠올려 보자. 호
수가 그 붉은빛을 삼키고 짙은 밤의 옷을 입을 때, 들판도 어둠
이 깊어 간다. 호수 변에 자리한 티베리아스 시내의 불빛이 더
욱 빛난다. 호숫가의 키부츠에서 새어 나오는 불빛이 호수의
가장자리를 느끼게 한다.

2,000년 전 벳새다 들판에서 바라본 호숫가 분위기는 어땠
을까? 지금과 정도의 차이는 있겠지만 티베리아스, 막달라, 가
버나움, 고라신 같이 로마화된 도시에서 뿜어져 나오는 '도시
의 불빛'이 더욱 환했을 것이다. 게다가 들판 곁에 자리한 벳새
다 도시의 불빛은 더욱 화려하고 강하게 들판에 서 있던 이들
의 눈을 부시게 했을 것이다. 벳새다의 일부 가옥에서 새어 나
오는 등잔 불빛과 주요 정부 시설에 밝혀 둔 횃불, 호숫가 부두
의 불빛 등이 그 존재감을 더해 주고 있었을 것이다.

해가 질 무렵이면 성문을 닫곤 했다. 이미 밤중이다. 성문
은 닫혔다. 제한된 이들이 통행할 수 있는 쪽문만 열려 있었을
것이다. 낮에도 그렇지만, 식민지의 로마화된 도시는 로마군의
경비 구역이었다.

갈릴리 지방의 대표적인 두 도시는 세포리스(Sepphoris)와 티베리아스(Tiberias)였다. 이 두 도시의 주민 규모에 대해서는 명확한 결론이 나지 않는다. 다만 수만 명으로 추정할 뿐이다. 다른 대표적인 도시들의 인구도 수천 명으로 추론되고 있다. 예루살렘의 인구도 30,000명이 채 안 되었다고 볼 수 있다. 그 시절엔 수백 명이 사는 마을도 읍내 이상이었다. 수천 명이 넘으면 큰 도시였다. 그렇다면 10,000명이 넘게 모여 있으면 대도시가 아니었을까?

이런 시기에, 오병이어 현장에 남자들만 5,000명이 모였다는 표현은 무엇을 떠올리게 할까? 그야말로 치안에 위협이 되는 불순한 무리의 집회로 볼 수 있지 않았을까? 거리감이 있지만 일제의 지배를 받던 시기에, 경성 외곽에 수천수만의 조선인(대한인)이 불법(?) 집회를 열었다면 일본 순사와 헌병대가 긴장하지 않았을까? 현대 한국사에서도 수천수만의 사람이 집회를 하면, 경찰력과 정보기관이 분주하게 움직이지 않았던가? 예수 시대라고 하여 아무런 반응도 보이지 않았을 리 없다. 오병이어 현장에 모인 이들은 물론이고, 그 이야기를 듣던 누구나 이런 분위기를 어렵지 않게 떠올렸을 것이다.

벳새다 들판의 불법 집회로 로마군 당국은 비상 대기 중이었다. "만일의 불순한 소란 행위를 차단하라!" 이처럼 비상 대기 중인 로마군 당국과 벳새다 주민들의 경계심을 떠올려 볼 수 있지 않을까? 로마 저항 세력으로 변할 수도 있는 위험하기 그지없는 무리가 아닌가? 벳새다 성은 더욱 긴장했을 법하다.

이런 긴장감은 집회에 모인 이들에게도 적지 않았음을 예상할 수 있다. 독재 체제에서 반정부 집회를 하거나 노동 투쟁을 하는 현장에 모인 이들이 갖곤 했던 긴장감, 그리고 경찰이나 군을 동원한 강제 진압에 대비하던 이들의 긴장감이 낯설지 않았던 것처럼, 그렇다. 집회 현장 가까이 벳새다 성의 불빛과 이 무리를 지켜보고 있던 로마군의 불빛이 들판에서 밤을 맞이한 이들을 감싸고 있는 것을 그려 보자.

봄철, 해가 진 호숫가, 그 곁 들판에서 맞이하는 추위는 만만치 않다. 일교차 덕분도 있지만, 습하면서도 차가운 공기가 몸을 파고 든다. 살을 에는 추위로 자극한다. 땅도 축축하다. 군데군데 모닥불을 핀 무리가 있었겠지만 모두가 이 추위를 피할 것은 아니었다. 호수로 흘러드는 물소리는 더 크게 들린다. 사람들의 말소리는 웅웅거린다. 무슨 소리인지 잘 들리지 않는다.

이런 환경 속 어둠이 가득한 빈들에 사람들이 모여 있다. 생전 처음 보는 사람들로 가득하다. 낯섬은 여전하고 긴장감도 잦아들지 않는다. 인종과 사회 계층, 계급의 차이, 남녀의 벽을 넘어 무리를 이루고 있다. 예수에 대한 관심 때문이다. 계층과 계급의 차별, 남녀 차별, 인종 차별, 지역 차별이 분명했던 시대에 이런 모임은 그 자체로 낯설기 그지없었다.

그때 한 사람이 떡을 나눠 준다. 그 떡이 어디서 온 것인지, 누가 마련한 것인지 알 길이 없다. 여기에도 긴장감이 있다. 우리가 만약 그곳에 있었다면, 그런 상황에서 음식을 의심하지 않고 먹을 수 있었을까? 쉽지 않았을 것이다. 떡을 나누는 장면 또한 흐트러짐 없는 빠른 움직임으로 표현할 수 없다.

그곳에 모인 서로 대면해 본 적이 없고 같이 음식을 나눠 본 적도 없었을 이들은 출처가 어딘지 모를 보리떡과 말린 생선을 먹었다. 성경을 읽는 우리는 다 아는 당연한 이야기, 그러나 그 무리는 예수가 떡을 들어 축사하는 것을 알지 못했다. 한 아이가 자기가 가져온 보리떡과 건어물을 드린 것도 알지 못했다.

예수 곁에서 누군가가 횃불을 밝혔다 한들 그곳에 모인 이들이 식별할 수는 없었을 것이다. 해가 저문 뒤 어두운 밤 시간이다. 게다가 들판은 높은 언덕이 없는 평지였다. 바닥에 무리 지어 앉았다고 한들, 그 곁에 있지 않으면 어떤 일이 어떻게 벌어지는지 전혀 볼 수 없었을 것이다. 그래서 예수가 축사하고 떡을 떼어 주는 것도, 그에 앞서 한 아이가 그 음식을 내어놓은 것도 무리들은 알 길이 없었다.

낮에도 사람이 많은 곳에서는 누가 누군지 쉽게 알아챌 수 없는데 어둠 속에 있으니 그 사람이 그 사람으로 보인다. 무리는 예수나 그 제자들을 식별할 수 없다. 사진도 없던 시절에, 밝은 낮에 겨우 먼 발치에서 본 것이 전부였던 이들이 쉽게 그 얼굴을 분별할 턱도 없었다.

그 시대는 차별과 구별이 당연한 시대였다. 인종과 성별, 계층과 계급, 출신 지역과 거주지, 하는 일이 다르기만 했던 이들, 그들이 함께 음식을 나눈다는 것, 그것은 그 시대에 맞서는 것이었다. 아니 오히려 그 시대정신으로부터 탈출하는 것이었다. 성과 마을, 도시로부터 벗어나 들판에 함께 있던 것도 탈출이다. 처음 보는 낯선 이의 손길을 받아들이는 것은 그만큼 위험이고, 모험이다.

전쟁과 그 후유증으로 어려움을 겪던 난민의 내민 손을 마주한 적이 있다. 자신의 조부모, 부모 세대에 일어난 전쟁 때문에 난민의 후손으로 태어나 지금도 난민으로 살아가는 팔레스타인 가정이 베푼 환대를 누렸다. 경찰과 군의 삼엄한 경계를 받으면서, 상호간에 물리적 충돌이 예기되는 상황에서 음식을 먹어 본 적이 있는가? 바로 그런 상황에서 그들과 함께 주먹밥을 먹었던 일을 나는 아직도 잊지 못한다.

이 오병이어 현장의 이야기도 이에 못지않은 긴장감이 감도는 가운데 빚어져 있다. 오병이어의 기적은 물고기 두 마리 떡 다섯 개로 5,000명이 먹고도 남았다는 것 이상이다. 지금보다 더 강했을 인종과 성, 그리고 계층에 따른 차별과 배제, 혐오의 벽을 넘어선 이들의 고백이 담긴 것이다. 잠시 동안이었지만 이들 모두는 다름에도 불구하고 하나 됨을 이룬 것이다.

적지 않은 그리스도인이 오병이어 기적을 말한다. 또 그런 기적을 꿈꾼다. 그렇지만 서로 다름에도 하나로 어우러지는 이런 하나 됨의 체험에는 무관심하다. 먹고 남은 기적에는 환호성을 외치지만, 다 같은 사람이 되는 일상의 기적에는 둔하다. 오늘 우리는 다문화, 다인종 시대를 살아간다. 그럼에도 다름을 차별의 이유, 누군가를 멀리하고 차별할 근거로 삼는 버릇은 여전하다. 마음의 등불을 밝히지 않는 이들이다.

등잔은 없어도 마음의 등불을 켤 수 있다. 눈에 불을 켜지 말고, 마음의 문을 열자. 성경을 읽으면서도 그 마음에 그리스도의 불빛을 반사하지 못하고 차별과 배제, 혐오에 찌들어 사는 것을 당연한 것인 양 생각하는 이들이 있다. 도시의 화려한 불빛 덕분에 더 초라함을 느낄 수도 있었던 벳새다 들판의 사람들처럼, 서로를 뽐내고 더 인정받으려고 눈에 불을 켠 채 살아가는 이들 속에서 마음에 등불을 밝히는 삶을 떠올려 본다.

# 18

# 내 몸의 등불을 밝힌 하나님

"네 몸의 등불은 눈이라 네 눈이 성하면 온 몸이 밝을 것이요
만일 나쁘면 네 몸도 어두우리라, 네 온 몸이 밝아 조금도 어두운 데가 없으면
등불의 빛이 너를 비출 때와 같이 온전히 밝으리라 하시니라"

눅 11:34, 36

오늘 시간 여행의 행선지는 2,000년 전, 예루살렘 성 밖 감람
산 지역이다. 본문의 등장인물은 예수, 무리들, 무리 중의 한 여
자 등이다. 대화는 주로 이 여인과 예수가 하고 있다. 예수의 예
화 속에 등장하는 사람들이 흥미롭다. 요나, 니느웨 사람들, 남
방 여왕, 솔로몬 등이 나온다. 그런데 엄청 유명했을 솔로몬은
예화 속에서 별다른 역할을 맡지 않는다. 요나도 마찬가지이다.
니느웨 사람들과 남방 여인이 말을 주고받을 뿐이다.

그 가운데 등잔을 소재로 한 대화, 아니 예수의 말씀이 이
어진다. 33~36절이다. 이 가르침은 겉보기에 많이 복잡해 보
인다. 그런데 머리를 굴리기보다는 어둔 방에 촛불을 켜 두고

방 바깥 밝은 곳에 있다가 방에 들어가 보니 금세 알아챌 수 있었다.

> "누구든지 등불을 켜서 움 속에나 말 아래에 두지 아니하고 등
> 경 위에 두나니 이는 들어가는 자로 그 빛을 보게 하려 함이
> 라"(눅 11:33)

예수는 어떤 사람이 등불을 켠 다음에 그가 하는 행동을 연속해서 그리고 있다. 이 구절에 흥미로운 표현이 있다. 바로 등불을 켠 이유이다. 그 사람이 등불을 켠 이유는 그 방 안으로 들어오는 사람을 위한 것이라 한다. 즉 방 밖에서 안으로 '들어가는(들어오는) 자'를 위한 것이다.

왜 그렇게 한 것일까? 그 빛을 보게 하려는 것일까? 그렇지 않다. 그 등불 자체를 보도록 하려는 게 아니다. 여기서 '빛을 본다'라는 것은 빛 자체를 감상하는 것이 아니다. 그 빛 덕분에 그 공간의 사람과 사물, 상황을 보도록 하는 것이다. 따라서 실내에 들어온 사람의 눈의 흐름을 떠올리면, 이 본문은 그저 상식적인 풍경을 그려 주고 있다.

이때 본문의 빛이 전깃불이나 LED 불빛이 아니라는 것에 주의해야 한다. 등불이다. 등불 경험이 없는 이들은 어두운 공간에 촛불이나 손전등 켜둔 것을 떠올려도 좋을 것 같다. 어둔

공간에 그것을 두면, 그 주변이나 빛이 직접 닿지 않는 부분은 눈에 잘 들어오지 않을 것이다.

우리 눈은 밝은 곳에서 어두운 곳으로 들어가는 경우 처음에는 주위가 보이지 않는다. 그러다가 점차 어둔 환경에 적응하면 보게 된다. 이것은 망막의 시세포가 어둔 환경에 적응하는 것이다. 어둔 곳에서 등불이 켜진 방으로 들어가는 경우에도 처음에는 방 안의 사물을 식별하지도 구별하지도 못한다. 그러다가 그 환경에 적응한다.

"네 몸의 등불은 눈이라 네 눈이 성하면 온 몸이 밝을 것이요 만일 나쁘면 네 몸도 어두우리라"(눅 11:34)

이 구절 속의 '밝다', '어둡다'는 표현이 눈길을 끈다. 몸이 밝다, 몸이 어둡다는 어떤 뜻일까? 어떤 장면을 그린 것일까? 몸이 밝아질 수도 있고 어두워질 수도 있다는 말일까? 그것은 아닌 것 같다. 눈이 환하게 몸을 볼 때, 그렇지 못할 때를 표현하는 것이 아닌가 싶다.

여기서 '눈'에 주목하자. 등불이 켜진 공간을 그 방에 들어오는 이의 눈이, 시간의 흐름을 따라 마주하는 시야의 변화를 그리고 있다. 33절이 등불을 켜는 이의 시선으로 먼저 표현한 것이라면, 34절은 이제 그 빛을 보는 '들어가는 자'의 시선으로 다시 표현하고 있다. 방에 들어온 자의 눈이 방에 밝혀진 불빛에 서서히 적응해 가는 것이다. 그리고 시간이 흘러가면서, 그 방 안에 있는 사람과 사물들, 느낌을 하나하나 그리고 더욱 자세하고 섬세하게 알아채 가는 것이다.

> "그러므로 네 속에 있는 빛이 어둡지 아니한가 보라 네 온 몸
> 이 밝아 조금도 어두운 데가 없으면 등불의 빛이 너를 비출 때
> 와 같이 온전히 밝으리라 하시니라"(눅 11:35~36)

이제 등불의 빛이 방 안을 환하게 밝혀 주고, 그 안에 있는 나의 온몸도 온전히 밝혀 준다. 내 온 존재가 다 보인다. 머리에서 발끝까지, 눈 코 입 할 것 없이, 표정도 몸놀림도 다 눈에 들어온다. 방 안에 있는 다른 사람도 살림살이도 다 그렇게 밝히 보인다.

"눈은 몸의 등불이니 그러므로 네 눈이 성하면 온 몸이 밝을 것이요"(마 6:22)라는 말씀은, 눈 건강에 주의하라는 교훈이 아니다. 등잔 불빛에 우리의 눈이 노출되는 풍경을 입체적으로 실감 나게 소개하는 것이다. 그런데 왜 이 말씀을 하시는가? 그 궁금함은 앞에서 읽은 33절에 담겨 있다.

"누구든지 등불을 켜서 움 속에나 말 아래에 두지 아니하고 등

경 위에 두나니 이는 들어가는 자로 그 빛을 보게 하려 함이라"(눅 11:33)

이것을 다시 푼다면, 이런 말씀일 것 같다.

"너희 중 누구든지 등불을 켜서 움 속에나 말 아래에 두지 말라. 등경 위에 두어, 방에 들어가는(들어오는) 자가 그 빛으로 인해 방 안의 사물을 제대로 구별할 수 있도록 하라."

어떤 그리스도인은 자신이 세상의 빛이라면서도 그 본분을 따라 빛을 사람들에게 비추고, 공유하는 몫은 다하지 않는다. 그저 그 빛을 자기만 즐긴다. 자기는 뭔가 하나님의 선택을 받을 만한 것이 있어서 세상의 빛으로 부름을 받았다고 여긴다.

또 어둠 가운데 있는 사람을 보면 하나님의 부름을 받지 못할 문제가 있다고 생각한다. 때로는 빛을 그 사람 앞에 비추지 않게 가리기도 한다. 그러면서 저런 사람은 분별도 못하고 보지도 못하는 존재라며 그 마음에 어둠을 깔아 준다. 이는 다른 이를 배려하는 모습이 아니다. 우리는 빛을 밝히는 자로 부름받았다. 이제라도 예수의 가르침에 가득한 빛을 가진 자의 공적인 역할을 회복하면 좋겠다.

잃어버린 드라크마, 1886~1894, James Tissot, 브룩클린 박물관

# 19

# 여성 서사를 보는 눈을 열다

◈

"어떤 여자가 열 드라크마가 있는데 하나를 잃으면 등불을 켜고
집을 쓸며 찾아내기까지 부지런히 찾지 아니하겠느냐"

눅 15:8

나는 지금보다 성경 공부에 더 열심이던 시절이 있었다. 학
교를 다닐 때였다. 캠퍼스 선교 단체에 참여하던 시기였다. 날
마다 큐티를 하고, 귀납적 성경 연구도 했다. 해마다 몇 번씩 성
경 통독도 했다. 그러면서도 그 이야기 속의 등장인물에 주목
한 경우가 많지 않았다.

전도나 선교의 예화로 사용하는 수많은 본문을 읽으면서도
나는 그 안에 '사람'이 담겨 있음을 오랜 동안 깨닫지 못했다.
요나도 사마리아 여인도 내게는 전도와 선교 방법론이나 전략
을 말할 때 언급되는 이야기 속 글자로만 존재하는 '캐릭터(인
물)'일 뿐이었다.

이것은 현실 세계에서도 마찬가지였다. 이집트에 살기 전까지 나에게 아랍인은, 이집트는, 글에서만 읽던 '글자'와 '단어'일 뿐이었다. 나와 같은 사람이라는 생각을 못했다. 어떤 느낌이나 감정을 가진 존재라고 떠올리지도 않았다. 그러다가 그 일상을 살면서 그들이 나와 다르지 않은 감정과 생각, 느낌을 갖고 사는 살아 있는 사람인 것을 깨달았다. 그러나 성경 이야기 속의 인물에 대해 공감하게 된 것은 그로부터도 한참이 더 지난 뒤였다.

여러분과 함께 만나고자 하는 인물은 '드라크마를 잃었다가 다시 찾은 여인'이다. 예수는 우리에게 그의 시선을 따라가 주기를 요청한다. 누가복음 15장 1~10절의 '잃은 양을 찾은 목자의 비유'에 등장하는 인물은 누구인가? 예수와 모든 세리와 죄인들, 바리새인, 서기관들, 겉으로 드러나지 않는 제자들, 그리고 예수의 예화 속에 등장하는 너희 중의 어떤 사람 등이다.

드라크마 하나를 잃었다가 다시 찾은 여인에게 다가가자. 이번에 떠나는 시간 여행의 종착 시점은 명확하지 않다. 장소는 갈릴리 지방의 나사렛에서 멀지 않은 곳의 어느 동네일 것 같다. (17장 11절에 예수가 갈릴리와 사마리아 사이로 이동하는 장면이 나온다. 이 지역은 오늘날 이스르엘 골짜기 지역이다.) 이 예화 가운데 등잔을 매개로 풀이할 본문은 8절이다. 예화 속 등장인물은 드라크마 하나를 잃어버린 여인, 그의 벗과 이웃들이다. 그 여인의 남편, 시어머니 등은 등장하지 않는다.

"어떤 여자가 열 드라크마가 있는데" 이 열 드라크마는 여인의 사유 재산으로 언급된 것일까? 아니면 집안에 그 정도의 여유 재정을 갖고 있는 것을 말하는 것일까? 로마 식민지 이스라엘의 서민 가정이 연간 70데나리온(약 70드라크마, 물론 환율과 화폐의 구매력은 시대와 지역에 따라 다를 수밖에 없다. 지금도 1달러의 구매력이 가난한 나라와 부유한 국가, 잘사는 도시와 가난한 마을 등에서 제각각인 것을 떠올려 보자)으로 겨우 살았다는 것을 헤아리면, 현금의 가치가 작지는 않았을 것이다. 물론 가난한 서민들의 경우이다.

예수 시대, 이스라엘 공동체는 남자 일방에 의한 쉬운 이혼 관행이 널리 퍼져 있었다. 위로금도 없이 달랑 이혼 증서 한 장 던져 주는 이혼도 많았다. 이혼당한 여인들이 적지 않던 시절이다. 그 여인들은 가족과 친지, 이웃으로부터 모욕적인 대우를 받았을 것이다. 거친 말과 저주 섞인 반응을 접했을지 모른다. 이혼을 불명예스러운 것으로 생각하고 있었기 때문이다.

이혼을 거의 대부분 이혼당한 여인의 잘못으로 몰아붙이던 당시 사회를 떠올려 보자. 그런 사회에서 어떤 여인의 열 드라크마는 무엇이었을까? 무엇이었기에 잃어버린 한 드라크마를 찾았다고 동네방네 떠들며 잔치까지 벌인다는 말일까? 분명 우리의 일상에도 경제 가치로 평가할 수 없는 어떤 존재가 있다.

이 비유에 나오는 드라크마, 여자는 이것에 어떤 존재감을 갖고 있던 것일까?

"열 드라크마" 드라크마는 그리스 은화였다. 알렉산더 대왕 이후 고대 이스라엘 지역에는 시리아 페니키아에 중심을 둔 셀루시드 왕조와 이집트 알렉산드리아에 기반을 둔 프톨레미 왕조가 영향을 미치고 있었다. 이 드라크마는 1.7센티미터 크기에 4.5그램 정도의 은으로 만들었다. 당시의 실물 가치로는 한 데나리온에 해당했다.

그렇다면 이 이야기에 나오는 드라크마는 단순히 돈으로서의 은화 자체나 돈의 교환 가치를 드러내는 것일까? 아니면 드라크마가 그려 주는 다른 것이 있는 것일까? 예수 시대는 화폐 중심 사회였을까? 아니면 물물교환이 주류를 이루고 있었을까?

서민들은 아마도 돈 자체를 구경도 못한 이들도 있었을 것이고, 돈을 소유해 본 적이 없는 이들도 적지 않았을 것이다. 그런데 가난한 여인이 지금 돈으로 100만 원 이상의 현금을 보유하고 있다는 것 자체가 이상하지 않은가? 그런 점에서 열 드라크마나 한 드라크마는 돈의 구실을 하는 돈(현금), 그 이상으로 보는 것이 자연스럽다. 여인에게 드라크마는 돈 그 이상의 존재였다. 그것은 무엇이었을까? 이 여인에게 있어서 이 드라크마는 어떤 존재였을까?

"하나를 잃으면" 예수가 이렇게 말하는 순간 적지 않은 이들의 머리에는 불길한 장면이 떠올랐을 것이다. 이제 큰일이 났다는 그런 불길함 말이다. 왜 그럴까? 잃어버린 하나, 한 드라크마의 정체를 알면 그렇다.

이 드라크마는 한 여인이 결혼 때 받은 정표(증표), 결혼 폐물, 결혼 반지 같은 것으로 볼 수 있다. 증표는 그것이 무엇이든, 경제적 가치가 얼마인지가 중요하지 않다. 어떤 이는 이 여인이 잃어버린 동전이 "목걸이의 부속물일 가능성이 많다"라고 말하고, 또 어떤 이는 "여인의 보석이나 결혼 지참금의 일부일수 있다"라고 주장하기도 한다.

어찌 되었든 보수적인 남존여비 체제 속에서 여자가 그 증표를 잃어버리면 겪게 될 위기감은 대단했을 듯하다. 이혼 사유가 없어도 일방적으로 이혼을 당하던 그 시대에, 결혼 증표를 잃어버렸다면 이혼 사유가 될 만한 아주 심각한 문제였을 것이다. 그 드라크마 하나는 화폐가 아니라, 어떤 여인의 목숨과도 같은 존재였다.

그런가 하면 열 드라크마는 이 여인에 관한 또 다른 사연을 보여 준다. 예수 시대에 구약 율법에 따른 여자의 목숨 값은 20세 이하가 10세겔, 20세 이상이 30세겔이었다. 즉 20세 이하가 40드라크마, 20세 이상이 120드라크마였다. 1세겔이 4데나리온(드라크마)이었던 것을 감안하면, 이 여인이 받은 열 드라크마는 아주 작고 적었던 것으로 볼 수 있다.

등경 위에 놓인 등잔, 워싱턴 DC 성경박물관

"등불을 켜고 집을 쓸며 찾아내기까지 부지런히 찾지 아니 하겠느냐" 이 여인은 나이도 많지 않았을 것이다. 예수가 살던 고대 이스라엘에서는 12~13세에 정혼하거나 결혼하는 경우가 비일비재했기 때문이다. 이 여인도 그런 사람 가운데 한 명이 었을 것이다.

도시에 사는 서민 가정은 물론 일반 이스라엘 가옥의 구조 상 낮에도 햇살이 제대로 들지 않았다. 그것은 우리에게 익숙 한 창문이 없었기 때문이다. 문창호지가 붙어 있는 문 같은 것 도 없었다. 집 안에 햇살이 들어올 수 있는 시간대도 짧고, 햇볕 이 스며들 수 있는 공간(구멍)이 크지도 많지도 않았다. 마당이 있는 집은 제법 사는 집이었다.

예수 시대에 등불을 사용하는 집은 생활 형편이 괜찮은 집이었다. 한국에서도 호롱불, 램프 불, 전깃불을 쓸 수 있던 가정이 형편 좋은 가정이었던 때를 떠올린다. 그런데 이 여인이 '등불을 켜고, 집을 쓸며' 동전을 찾고 있다. 그야말로 눈에 불을 켜 찾고 또 찾는 모습을 이렇게 입체적으로 그리고 있다.

낮과 밤을 가리지 않고 어두운 실내 공간에서 제대로 된 조명의 도움도 없이 물건을 찾아본 적이 있는가? 그 다급함과 안절부절하는 마음을 느낄 수 있는가? "부지런히, 찾지 아니하겠느냐?"라는 예수의 말을 듣고 있던 세리와 죄인들은 어떤 심정으로 받아들이고 있었을까? 그야말로 절절했을 것이다. "찾아야 할 텐데" 하는 걱정 어린 시선으로 이야기의 전개에 주목하고 있었을 것이다. 응원하는 마음으로. 어떤 이들은 "정신을 어따 두고 사는 거야. 대체 뭘 어떻게 하다가 그것을 잃어버려. 큰일 겪어 봐야 정신 차리겠네" 하는 식으로 비아냥댔을 것이다.

그런데 여기서 다시 읽어야 할 것이 있다. 앞서 짚어 본 것처럼 이 여인은 제대로 지참금도 받지 못한 여인이었다. 만약 가난한 집안의 여인이었다면 등잔도 없었을 것이고, 당연히 등불을 켤 수도 없었을 것이다. 등불을 켤 수 있는 집안의 여인이라면, 겨우 '열 드라크마'를 갖고 있다고 소개할 것 같지도 않다.

이렇게 서로 어우러지지 않은 두 가지 조건이 이 여인을 꾸며 주고 있다. 결국 이 여인이 받았을 열 드라크마라는 적은 지참금, 이 여인의 개인 소유는, 이 여인의 좋지 않은 집안 환경이나 생활 형편보다는 그가 받은 '대우'로 볼 여지가 있다. 어떤 이유로 이렇게 적은 지참금을 받아야 했던 것일까? 뭔가 석연치 않다. 있는 집에 시집 온 한 여인, 하지만 제대로 대우받지 못하는 아내 혹은 며느리를 떠올릴 수 있지 않을까?

우리의 시선은 이 이야기를 마주하면서 어디로, 누구에게로 향하는가? 이 여인인가? 아니면 잃어버린 드라크마 하나를 다시 찾은 결과인가? 아니면 찾은 기쁨으로 벌인 잔치인가? 아니면 전도의 열매를 맺은 이가 받을 것이라는 어떤 성취감, 하나님께 받을 칭찬이나 축복인가?

이 잔치 이야기에 여인의 남편이나 가족은 등장하지 않는다. 단지 이 여인의 여자 벗들과 여자 이웃이 나올 뿐이다. 이 여인이 겪은 것을 이해할 사람, 다시 찾은 것을 축하해 줄 수 있는 벗과 이웃이 나온다.

여전히 눈길이 가는 것은 이 여인 자신이다. 익명으로 등장하는 이 여인은 이 예화에서 주연이다. 모든 움직임이 이 여인에 의해 벌어진다. (한 드라크마를) 잃고, 등불을 켜고, 집을 쓸고, (잃어버린 드라크마를) 찾고 또 찾고, 부지런히 찾고, (마침내) 찾아내고, (벗과 이웃을) 불러 모으고, (잃은 드라크마를 찾았다) 고백하고, 함께 즐기자고 말한다.

당시는 예루살렘이든 사마리아든 갈릴리든 한 여인이 이렇게 주인공이 되어 사는 경우가 드물던 시대가 아니었나? 한국 같은 경우도 이제야 여성 서사 드라마가 많아지는 수준이 아닌가? 그전에는 여자 주연 배우가 등장하더라도, 남자 주연 배우와 호흡을 맞추는 보조적인 역할로 나올 때가 많았다.

그런데 2,000년 전 예수가 전한 이 예화는 등장인물 모두가 여인이다. 주인공도 그 이야기에 등장하는 인물도, 함께 잔치를 즐기는 이들도 모두 여성이다. 이 예화에서 가부장제와 성차별, 모순된 사회구조에 대한 은근한 비판을 읽어 내는 것은 지나친 것일까?

스스로 주인공이라 생각하고 주인공인 것을 당연시하던 바리새인과 서기관, 이들의 눈에 세리와 죄인들은 원래부터 그렇게 생겨 먹은 존재였을 것이다. 예수는 세리와 죄인이 죄인이 아니라 바리새인과 서기관 같은 자들이 오히려 죄인인 것을 지적하지 않는가?

때때로 나는, 스스로 의롭다 여기며 당연히 기득권을 누릴 자격이 있다고 생각하는 '자칭 의인'의 모습을 내 안에서 발견한다. 스스로 의인이라 확신하던 바리새인, 서기관처럼 말이다. 그들의 눈에 '어떤 여인'은 출생과 그 출신 배경이 죄인이었고, 그 귀한 지참금을 잃어버리는 죄를 지었고, 쫓겨나도 마땅한 죄인일 수밖에 없었을 것이다.

예수의 이 예화를 듣던 많은 여인은 생동감 있게 그리고 감동적으로 받아들였을 것이다. 그러나 여인들을 멸시하는 생각을 가진 많은 사람은 예수의 이야기에 담긴 따스한 시선과 그 온도를 전혀 느끼지 못했을 것이다. 이 예화에 대한 서기관과 바리새인들의 반응은 어떠했을까? 그들은 이 여인의 기쁨을 같이 기뻐해 줄 수 있었을까? 그렇지 않았을 듯하다. 누군가의 기쁨이나 환호에 냉소적이거나 무덤덤해지는 나를 발견한다.

바리새인과 서기관이 가졌던 것과 같은 생각을 가진 이들이 바뀌는 것은 가능할까? 그들이 자신들의 태도가 잘못되었음을 깨닫는 것, 그리고 새로운 시선으로 다시 살게 되는 그런 기쁨을 누렸으면 하는 예수의 바람을 이 이야기에서 느낀다. 나와 우리 곁에는 당연히 거기 있는, 그저 익명성이 당연한 존재들이 있다. 이들의 시선으로 일상을, 현실을, 모든 당연시하던 것을 다시 보는 자세가 필요하다.

'당연한' 차별은 없다. 그것이 남자와 여자의 다름에 의한 것이든, 배움과 못 배움에 바탕을 둔 것이든, 잘살고 못사는 것으로 인한 것이든, 힘이 있고 없음에 따른 것이든, 또 다른 것에 의한 차이에서 비롯된 것이든. 닫힌 눈이 열려 자기와 같은 가짜 의인이 뉘우치고 돌아오기를 바라는 하나님의 마음을 깨닫는 것, 그것이 잃어버린 것을 찾고 찾으시는 하나님을 만나는 길이 아닌가 싶다.

# 20
# 죽었다가 살아난 유두고

❧

"우리가 모인 윗다락에 등불을 많이 켰는데 유두고라 하는 청년이
창에 걸터 앉아 있다가 깊이 졸더니 바울이 강론하기를 더 오래 하매 졸음을
이기지 못하여 삼 층에서 떨어지거늘 일으켜보니 죽었는지라"
행 20:8~9

살다 보면 애꿎게 누군가를 평가하고 단정할 때가 있다. 나
도 그런 경우가 있다. 그 후 내가 직접 겪어 보고 그의 진실을
바로 알게 된 경우도 있다. 그의 말과 행동의 맥락이나 앞뒤 형
편을 확인하고 나서 오해한 것을 뉘우친 일도 있다. 여러분의
경우는 어떤가?

교회에서 하던 성경 퀴즈 대회 때마다 나오던 인물이 있다.
바로 바울의 설교를 듣던 중 졸다가 떨어져 죽을 뻔한 인물 '유
두고'이다. 그래서 설교 중에 졸면 안 된다거나, 하나님의 말씀
에 대한 열심히 없으니 존다는 비난을 한 몸에 받는 인물이 유
두고이다.

2,000년 전 어느 일요일로 시간 여행을 떠나 보자. 특별 모임을 갖고 있는 드로아 지역, 우리에게 트로이로 익숙한 도시의 한 곳이다. 그곳에서 사도행전 20장 7~12절의 이야기가 펼쳐진다. 모임 장소는 어느 건물의 윗 다락, 즉 3층이다. 오늘 본문에 의존해서는 그 공간의 크기나 규모, 시설에 대해서 전혀 알 길이 없다.

로마 제국에서 주거 공간은 개인 저택 도무스(Domus)와 빌라(Villas) 그리고 서민 지역의 주상복합 다세대 임대 주택인 인슐라(Insulae)로 구분했다. 공동 주택이자 임대 전용인 인슐라(아파트로 번역하는 경우도 있지만, 오늘날 고층 아파트에 연결된 선입견이 작용될 것 같아서 우리나라 주택 구분 가운데 다세대 연립 주택으로 표현했다)는 1층은 상가와 사업처, 그 위 2~3개 층은 주거 공간이었다. 시대와 지역에 따라 5~6층까지 높아지는 경우도 있었다.

2층은 여러 칸의 방이 있지만 화장실이나 수도, 욕탕 등은 없었다. 발코니가 있는 경우가 일반적이었다. 그 위층이나 꼭대기 층은 단칸방이었다. 위층은 싸고 저렴한 건축 자재로 지어졌기에, 냄새도 많고 추위와 더위에 약하고 화재 위험성도 높았다. 인슐라 안쪽에는 개방형 안뜰인 공동 정원이 있었다. 즉 오늘 이야기의 무대는 어떤 다세대 연립 주택의 어느 단칸방이다.

이 이야기에 등장하는 인물은 바울과 누가, 이름이 나오지 않는 드로아의 성도들, 유두고 등이다. 몇 명이 있었는지, 남자와 여자가 함께했었는지는 모른다. 필요한 소품은 애찬을 위해 마련한 상당량의 떡과 그릇, 찍어 먹을 소스, 약간의 등불 등이다. 이 떡은 기념식을 위한 것이 아니라 식사이다.

묘하지만 이 이야기에서 화면은 바울이 아닌 사람들에게 향하고 있는 것 같다. 이야기의 흐름을 따라, 여러분이 카메라 감독이 된 마음으로 시선을 따라가 보자. 화면에 누가 잡히고 있는가? 저녁 식사를 하기 위해, 그리고 바울과 누가를 송별하기 위해 모인 이들이 나온다. 말을 하는 바울이 눈에 들어온다. 등불이 화면에 다가온다. 바울의 말을 듣고 있는 사람들 한 사람 한 사람이 시선에 담긴다.

이제 한 사람에게 시선이 머문다. 졸다가 깨다가를 반복한다. 그가 아래층으로 떨어진다. 시선이 그에게 더 다가간다. 누군가가 그를 일으켜 숨을 확인한다. 그가 숨을 안 쉰다. 그가 죽었다. 그곳에 모여든 이들의 표정이 당황스럽고 고통스럽다.

바울이 말을 멈추고 그에게 다가간다. 그를 품에 안는다. 시선은 바울의 말을 듣는 회중에게로 향한다. 바울과 유두고 그리고 회중이 다시 다락방으로 올라간다. 당황했던 군은 표정이 사라지고 다시 놀라운 표정, 다행이다 싶은 표정이 가득하다. 함께 식사를 나누는 손길이 시선에 들어온다.

바울은 이제 내일이면 드로아를 떠난다. 그에게 감사도 하고 송별도 하기 위해 드로아에 있는 성도가 모였다. 조촐한 식사 자리였다. 건물의 3층에 자리한 누군가의 단칸방에 모였다. 간단한 식사를 위한 자리였기에 등불도 여럿 준비하지 않았다. 아쉬웠는지, 고마웠는지 바울이 말을 시작한다. 그는 말을 멈추지 않는다. 혼자만 이야기 한 것이 아니다. 그가 주도적으로 이끌었는지 모르지만, 말을 주고받았다. 그러던 중에 어느새 자정을 지나고 말았다.

이제 시선을 아까 그 사람, 유두고에게 모아 본다. 그는 누구인가? 그에게는 어떤 상황이 있던 것일까? 유두고에 대한 정보는 전혀 두드러지지 않는다. 그를 서술하는 '청년'(행 20:9)이라는 표현으로 그의 나이가 20대 후반에서 40세 이전일 수 있다는 것이 하나의 실마리이다. 그 당시의 평균 수명이나 연령대를 고려하면 그저 성인 남자라는 뜻으로 읽을 여지도 있다.

또 다른 실마리도 있다. 12절에 청년으로 옮긴 단어(παῖς, pais)는 주로 '남자 종'이나 '남자 노예'을 뜻한다. 성경의 용례가 그렇다. 그리고 유두고라는 이름은 우리말로 바꾼다면 '행운아(well-fated, fortunate)' 정도일 것 같다. 3층에서 떨어졌는데도 살아난 것을 보면, 결과적으로 그는 행운아였던 것이 분명해 보인다.

그 옛날 로마화된 도시에서도 주택에서도 실내에는 횃불을 밝히지 않았다. 또한 밤에 실내에서 등불을 켜는 이유는 대낮같이 밝히기 위한 것이 아니었다. 게다가 누군가의 말을 듣기 위한 것이라면 청중이 있는 곳 모두가 굳이 밝을 이유도 없다. 불빛이 밝지 않아도, 상대방을 알아 챌 수 있는 정도면 족할 일이었다.

정확하게 바울과 드로아 성도가 모인 이 모임 장소의 건축 구조를 알 길이 없다. 얼마의 인원이 모였는지도 모를 일이다. 그렇지만 일반적인 인슐라 형태를 염두에 둔다면 위로 올라갈수록 공간이 협소해진다.

여하튼 협소한 방에 사람이 제법 많이 몰려 있었을 것이다. 유두고가 창에 걸터앉아야 할 정도였다. 여기서 이 창을 창문으로 오해할 필요는 없다. 건물 밖을 볼 수 있는 바깥 창문보다는 작은 문 정도로, 아니면 난간 정도로 볼 수도 있다.

사람이 많다. 등불이 타면서 산소를 잡아먹는다. 창을 열고 닫을 수 있는 그런 창문 구조도 아니다. 환기가 잘 안 되는 공간이다. 여러 개의 등불을 킨 상태로 시간이 엄청 흘렀다. '등불을 많이 켰다'(행 20:8)는 표현이 눈에 들어온다. 작은 공간에 왜 그 귀한 등불을 많이 켠 것일까? 여러 개의 등불을 켤 정도로 넓은 공간도 아니었을 텐데, 궁금하다. 10~20평 되는 탁 트인 공간에 촛불을 켜 두었을 때를 떠올려 보면, 상상하는 데 도움을 얻을 수 있을 것 같다.

등불을 많이 켰다는 것은 여러 개의 등불을 오랜 시간 동안 켰다는 뜻으로 볼 수 있다. 그렇지만 등불을 계속 켰다는 뜻으로 볼 여지도 있지 않을까? 동시에 켰다는 뜻과 연속해서, 계속 켰다는 뜻으로 이 이야기를 떠올려 본다. 이런 환경에 닫힌 실내에 모였던 이들은 유두고만 아니라 적지 않은 사람이 피로감에 빠졌을 것이다.

그 가운데 아마도 공간의 협소함 때문인지, 아니면 자신이 '노예'의 신분이라서 스스로 선택한 것인지 모르지만, 가장자리에 걸터앉아 있던 유두고가 아래로 떨어졌다. 그가 떨어진 장소가 인슐라 안쪽에 자리한 정원이었는지, 아니면 아래층의 발코니였는지는 모른다. 건물 형식을 고려하면 건물 밖 도로에 떨어지지 않은 것은 분명하다.

유두고의 신분이 노예였다는 것을 생각하면, 온종일 일에 지친 상태로 밤을 새는 그 긴 대화 자리에 참여했으니 피곤에 절어 졸다 자다를 거듭하는 모습이 전혀 낯설지 않다. 유두고의 졸음은 그의 게으름이나 영적 해이 때문이 아니었다. 육체노동을 하는 일터에서 온종일 일한 채, 철야 집회에 참석한 한 사람을 떠올려 보면 이해가 될 것 같다.

유두고의 이야기를 접하면서, 문득 오래전 교회에서 예배 때마다 거의 빠짐없이 졸던 교인이 떠오른다. 그가 조는 모습이 맘에 들지 않았다. 왜 맨날 교회만 오면 그러는지, 아니 다른 시간은 활발하면서 예배 시간만 되면 졸다 못해 잠에 빠져드는지 그를 이해할 수 없었다. 그에게 인사도 제대로 하지 않았다. 그가 어떤 처지였는지, 그의 마음은 어떠했는지 궁금해 하지도 묻지도 않았다.

내가 설교자가 되어 설교를 할 때 눈앞에서 졸거나 딴짓하는 교인을 볼 때면, 기분이 좋지 않았다. 아니 불쾌했다. 왜 하필 이 시간에 저렇게 하는가, 좀 집중해서 설교를 들어야 할 것이 아닌가 생각했다. 예배가 끝나고 나서도, 평소에도 습관적으로 피곤해 하던 교인의 목소리에 귀 기울이지 않았다. 문득 그에게 미안하다.

# 21
# 밤에 찾아온 니고데모의 등불

"그가 밤에 예수께 와서 이르되 랍비여 우리가 당신은
하나님께로부터 오신 선생인 줄 아나이다 하나님이 함께 하시지 아니하시면
당신이 행하시는 이 표적을 아무도 할 수 없음이니이다"

요 3:2

계속해서 시간 여행을 이어가 본다. 우리가 함께 만날 인물
은 니고데모이다. 2,000년 전 어느 날, 니고데모와 예수의 대화
가 있었던 예루살렘의 한 곳으로 발걸음을 옮겨 본다. 이 현장
의 분위기는 어떠했을까? 밤중에 이야기를 나누는 그 공간은
어떻게 불을 밝히고 있었을까? 그곳이 어디인지, 어떤 공간인
지에 따라 다양한 분위기를 떠올려 볼 수 있을 것이다.

본문 속 예수의 이야기 속에 빛, 즉 불빛이 네 번이나 나온
다. 그런데 나의 관심사는 '등잔 불빛'이다. 물론 직접적으로 등
잔 불빛이 언급되지는 않지만, 이 이야기의 무대에도 빛은 타
오르고 있었을 것이다. 어둠과 대비되는 이 빛은 자연스럽게

예수와 니고데모의 대화, 1886~1894, James Tissot, 브룩클린 박물관

등잔 불빛을 떠올리게 한다. 햇살이 내리 쬐는 곳에도 어둠이 자리하고, 달빛과 별빛이 어둠을 몰아내기도 한다. 그런 점을 고려하며 등잔 불빛, 등불을 떠올려도 좋다.

등불이 켜진 공간에서 두 사람은 사뭇 진지한 표정으로 이야기를 나눈다. 등잔불의 불꽃 가운데 노란빛이 은은하면서도 따스하게 느껴진다. 희미한 그림자를 배경으로 불빛에 반짝이는 두 사람의 표정이 이채롭다.

두 사람이 대화를 나누는 곳은 예루살렘이었다. 이 본문 바로 앞에 "유월절에 예수께서 예루살렘에 계시니"(요 2:23)라고 소개하고 있다. 그런데 이 예루살렘을 살펴보면서 여러 가지로 당황할지도 모르겠다. 생각했던 것, 기대했던 것과 사뭇 다른 현실을 마주할 수도 있기 때문이다. 흔히 예루살렘을 이스라엘의 종교 중심지로만 생각해 온 이들의 확신이 흔들릴 지도 모를 일이다.

예루살렘은 그저 이스라엘의 거룩한 도시이기만 했을까? 많은 이들이 거룩한 도시, 예루살렘 성전 등으로 예수 시대 예루살렘을 떠올릴 것이다. 그러나 분명한 것은 예루살렘이 로마 제국의 식민지 중 하나, 고대 유대 지방에 속한 식민 도시 중 하나였다는 사실이다.

로마의 식민지 예루살렘은 그야말로 작은 로마였다. 여타 로마식 도시처럼, 로마의 특성이 다 갖춰져 있었다. 당연히 원형극장이 있었고, 마차 경주장도 있었다. 게다가 그것이 예루살렘 성전 가까이에 자리 잡고 있었다. 성전 구역조차도 이곳의 함성 소리로 가득 채워졌을 것이다.

예루살렘 성전에 울려 퍼졌을 마차 경주장의 함성 소리와 소란함을 떠올려 보자. 어떤 느낌이 다가오는가? 가장 유대교적인 거룩한 공간인 성전과 가장 로마다운 공간인 마차 경주장, 이 둘의 공존은 무슨 조화였을까?

더욱이 예루살렘 성전은 로마 총독부의 감시망 안에 놓여 있었다. 안토니아 요새로 불리는 로마군의 시설이 성전 전 구역은 물론 예루살렘 성을 지켜보고 있었다. 로마의 지배를 받던 시대에 예루살렘 성전을 찾는 이들은, 여호와의 능력과 존재감을 과연 어느 정도나 느낄 수 있었을까? 게다가 제국의 앞잡이가 되어 친로마 종교성을 직간접적으로 드러내며 살던 종교 귀족들과 유대 정치인의 모습을 보고 무엇을 생각했을까?

이런 배경 속에 이루어진 요한복음 3장의 대화는 언제, 어디서, 어떻게 나눈 것이었을까? 예수와 니고데모, 두 사람만 같이 나눈 대화였을까? 제자들 혹은 합석한 다른 이도 있었을까? 이 대화는 어떤 언어를 사용했을까? 예수가 익숙했던 갈릴리 사투리였을까? 예루살렘 표준말을 사용했을까? 글과 달리 말은 지역별로 강한 억양과 고유한 표현들이 있었을 것이다.

또한 이날, 니고데모가 예수에게로 왔다. 그가 예수의 거처로 찾아왔다. 당시 예수의 거처는 공개된 공간이었을까? 아니면 은밀한 곳이었을까? 니고데모는 혼자서 알아서 찾아온 것일까? 누군가의 안내를 받아서 온 것일까? 중간에 다리를 놓은 이가 있었던 것인가? 예루살렘 어디, 어느 곳에서 만났을까?

복음서를 보면 예수와 제자들은 예루살렘 방문 때마다 가까운 베다니에 머물곤 했다. 갈릴리 지역에 있을 때면, 가버나움의 한 집(베드로 혹은 베드로 장모의 집으로 알려진)에 머물렀던 것처

예루살렘 성전 왼쪽 언덕 도시에 자리한 원형극장과 로마식 빌라촌, 이스라엘 박물관

럼 말이다. 니고데모와 예수는 베다니에서 만났을까? 둘의 만남이 밤중에 이뤄졌다고 해도 베다니였다면 그의 존재가 쉽게 노출되었을 것 같다.

아니면 예루살렘 성안 윗동네에 자리한 마가 요한의 집에서 만났을까? 물론 예수가 유월절 명절에 예루살렘 성안의 한 장소에 머물렀다는 언급은 없다. 마가 요한은 예수의 제자 중에

베다니로 이어지는 길에서 바라본 예루살렘, 1842, David Roberts

서도 예루살렘 유력자의 한 사람이었다. 그곳으로 볼 수도 있을 것 같다. 니고데모가 이동하기에도 눈에 띄지 않고 방문하기에도 괜찮은 장소였을 듯하다.

그렇다고 예수와 니고데모의 대화 장소를 밀담을 나누는 밀실 같은 공간으로 볼 필요는 없어 보인다. 예루살렘의 로마식 가옥에도 옥상에 다락방으로 불리는 임시 공간들이 존재했다. 다락방은 실내 공간이 아니었다. 일반 가정도 옥상은 초막 등으로 형성된 다락방이라 부르는 공간들이 존재했다.

언제 나눈 이야기였을까? 유월절이 언급되어 있으니 4월 초순 정도의 일로 볼 수 있다. 하루 24시간 중에는 어느 시간에 이뤄진 대화였을까? 성경은 단순하게 낮의 반대말인 '밤'으로 언급할 뿐이다. 이 밤을 다른 특별한 의미, 즉 어떤 은밀한 만남을 암시하는 뜻으로 해석할 필요는 없다.

일반적인 시간 구분으로 생각해 보는 것이 좋다. 당시 사람들이 저물 때, 밤중, 닭 울 때, 새벽 등 밤 시간을 4등분 했던 것을 고려할 수 있다. 그렇다면 저녁 9~12시 사이였을 것 같다. 또한 고대 이스라엘에서 대화는 주로 밤에 이뤄졌다는 것도 생각해야 한다. 마치 한국에서 사랑방 문화를 떠올리듯이, 고대 이스라엘 사회에서 밤은 대화의 시간이기도 했다.

니고데모는 유대인 공의회인 산헤드린의 한 사람으로 나온다. 흥미로운 것은 그 이름의 뜻이다. 어떤 면에서 요한은 니고데모에 대한 묘사를 통해, 독자들에게 복선을 안겨 주고 있는 것 같다. 그의 이름은 '백성의 승리' 혹은 '백성의 정복자'라는 뜻으로 풀이된다. 백성 위에 군림하는 자, 백성의 지도자로 생각할 수 있다. 즉 백성의 지도자가 예수와 만나고 있는 것이다.

이 모습을 보며 하나님께서 회막에서 백성의 지도자이며 대표자인 모세를 만나는 장면이 떠오른다. 물론 나는 요한이 이 이야기를 읽는 독자들이 그렇게 떠올리도록 의도했다고 말하는 것은 아니다. 지나친 해석일지 모르겠지만, 어쩌면 이것이 바로 하나님이 그 시대 이스라엘에게 원하셨던 모습 아닐까? 밤처럼 어두운 현실 속에 '빛으로 세상에 온'(요 3:19) 예수를 만나고자 나아왔던 니고데모처럼 말이다.

# 22
# 간수의 등불, 마음의 등불

"간수가 등불을 달라고 하며 뛰어 들어가
무서워 떨며 바울과 실라 앞에 엎드리고"
행 16:29

이번에 함께 떠날 시간 여행은 기원후 50년이 지난 어느 날 밤이다. 시각은 한밤중(행 16:24), 구체적으로는 자정이 지난 무렵이다. 로마의 시간 계산은 자정부터 새로운 날이 시작했다. 지금 우리도 그렇게 하루를 계산하고 있다.

본문의 배경은 그리스의 빌립보이다. 빌립보는 로마의 퇴역 군인들이 정착한 로마의 식민지였다. 흔히 '로마 문명' 하면 잘 포장된 도로를 떠올린다. 오늘날 빌립보 유적지에는 폭이 약 3미터인 에그나티아 대로(Via Egnatia)가 남아 있다. 이 대로는 알바니아에 속한 아드리아 해안의 디라키움과 터키(튀르키예)의 이스탄불을 연결하는데 전체 길이가 1,120킬로미터에 이

빌립보 유적지의 감옥터

른다. 이 대로가 빌립보 중심지를 가로지른다.

찾아가는 장소는 그 빌립보 중에서도 빌립보 감옥이다. 그 안에서 바울과 실라, 간수, 그리고 다른 죄수들을 만나게 될 것이다. 이 이야기 속에는 등불이 등장한다. 그 등불을 따라 이야기 속으로 들어가자.

1세기 로마 제국의 감옥은 일반적으로 범죄자와 경범죄를 저지른 자, 일시 연행된 사람 등이 뒤섞여 수용되곤 했다. 기결수 미결수 구분이 따로 없었다. 많은 수용자로 인해 좁고 춥고 덥고 습하기 그지없었다. 위생은 보장되지 않았다. 로마의 감옥, 바울과 실라가 갇혔던 그 감옥은 죄수 개개인이 누릴 수 있는 등불이 없었다. 밤이 되면 어둠 가운데 머물러야 했다.

바울과 실라는 '깊은 옥'에 갇혀 있었다. 깊은 옥은 땅 밑으로 깊은 옥일 수도 있고, 감옥 깊숙한 곳 안쪽일 수도 있다. "그들을 깊은 옥에 가두고 그 발을 차꼬에 든든히 채웠더니"(행 16:24)라는 구절을 보면, 재판에 회부되지도 않은 이를 불법 구금하고, 그것도 중죄인 취급을 하고 있음을 알 수 있다.

중죄인은 주로 지하 물저장소를 개조한 지하 감옥에 가두었다. 발에 '차꼬'까지 채우는 중죄인 취급을 한 것을 보면, 바울과 실라가 갇힌 곳은 지하 감옥으로 볼 수 있다. 고대 로마 제국의 옥터 유적지나 지금 남아 있는 빌립보 옥터를 통해 그 같은 상황을 짐작할 수 있다.

간수의 죄수 감시는 단순했다. 감옥 입구만 지키면 되었다. 지하 감옥의 출입구는 물론 쇠창살 등으로 봉쇄되어 있었다. 감옥의 각 방별로 보초를 설 것이 아니었다. 어차피 밀폐된 공간이니 출입구만 통제하면 되었다.

자정이 지날 무렵, 새로운 하루가 시작되는 그 시간에 감옥이 노랫소리로 가득 차고 있었다. 밀폐된 공간이니 그 소리가 더 크게 울렸다. 그야말로 소리가 쩌렁쩌렁 울렸을 것이다. 그런데도 그 순간에 간수가 자고 있었다는 것이 나의 눈길을 끈다. 큰 지진이 나고 옥터가 움직이고 문이 곧 다 열리고, 갇힌 모든 사람의 매인 것이 다 벗어지는 장면은 입체적이다. 감각적이다.

이 순간 깊은 감옥에 갇혀 있던 이들은 더 큰 공포를 느꼈을 것이다. 땅 속에 있는데 지진이 일어난 것이 아닌가? 자신들의 감옥이 위에서부터 무너져 내릴 수도 있었다. 그것을 떠올리며 더욱 당혹스러웠을 것이다. 발목을 묶어 두던 차꼬가 풀렸지만, 도망치고 싶었지만, 도망칠 곳이 없었기에 더 공포를 느꼈을 것이다.

감옥 안쪽 깊숙한 방에 갇혀 있던 바울은 어떻게 그 간수가 스스로 목숨을 끊으려 하는 것을 알게 되었는지 궁금하다. 한편 바울이 소리를 크게 질러 말하는 것이 감옥 밖에 있던 간수의 귀에 들린 것은 이해가 된다. 그 소리가 공간에 울려서 마치 스피커를 통해 퍼지는 것처럼 크게 들렸을 것이다.

이 대목에서 등불이 등장한다. 갑작스런 지진을 겪은 간수는 등불을 들고 감옥 안으로 뛰어 들어갔다. 간수가 챙긴 등불이 어떤 형태였는지는 불분명하다. 감옥 관리를 하는 곳에 정교하게 만들어진 청동 등잔을 쓸 일은 없었기 때문이다.

나는 이 이야기 속 현장을 떠올리면서 여러 가지 궁금함을 갖는다. 간수는 감옥 문까지 열려 있는 것을 알고도, 차꼬까지 채웠던 중죄를 지은 죄수들이 그 어둠 속에서 자신을 위협할 수 있다는 것을 알면서도 감옥 안으로 들어갔다. 게다가 지진이 일어났다. 온몸이 흔들리는 경험을 했다. 감옥터가 무너질 것이라고 생각하지 않았을까? 그런 위험을 느끼지 않았던가? 그런데도 감옥 안으로 뛰어 들어간다. 그것은 용기가 아닌가?

간수는 등불을 들고 감옥 안으로 들어간다. 왜 그랬을까? 도대체 무슨 일이 벌어진 것인지 확인하기 위한 것이었다. 또한 바울과 실라가 누군지도 궁금했기 때문이다.

간수가 들고 있는 등불 빛을 따라 간다. 어두운 감옥이 드러난다. 감옥, 그것도 깊은 감옥 안에 있던 사람의 얼굴과 몸이, 표정이 눈에 가득 들어온다. 그들 모두는 놀란 표정이었다. 왜 죄수들은 도망치지 않았던 것일까? 너무 놀라서 뭘 해야 할지 당황하고 있었기 때문은 아닐까? 깊은 지하 감옥에 갇혀 있던 이들은 도망칠 방법이 없어서 포기하고 있던 것일까? 충격과 공포가 더 컸기에, 지금 이 순간 뭘 해야 할지 놀라고 있지 않았을까? 지진이 나고, 바위산을 깎아서 만든 옥터까지 흔들렸으니, 두말 할 것도 없다. 자신들을 묶었던 차고가 풀렸지만 다리도 풀렸을 것이다.

바울과 실라가 간수에 의해 깊은 옥에서 끌어올려진다. 자정이 훨씬 지나고 아직 먼동은 트지 않은 시간이다. 닭 울음소리 비슷한 나팔 소리가 들려온다. 이미 시각은 새벽 3시를 지나고 있다. 도로를 비추는 횃불과 달빛이 빛나고 있다. 감옥 밖으로 나온 바울과 실라의 눈앞에 골목길이 보이고 잠시 뒤에 한

집의 문 앞에 선다.

문이 열리고 그 집 안에 들어가니 당황한 간수의 가족들 모습이 눈에 들어온다. 바울과 실라의 맞은 상처 부위가 등불 빛을 받아 붉은빛을 드러낸다. 날이 밝았음을 알리는, 저녁 시간이 끝났음을 알리는 소리가 들린다. 날이 샜다(행 14:35). 새로운 날이 밝았다.

이 이야기에서 등불을 밝혀 들고 있는 이는 간수이다. 묘하지만 그의 얼굴은 드러나지 않는다. 그의 눈앞에 있는 이들이 드러난다. 그곳에 놀란 표정의 사람들, 귀 기울이는 사람들, 뜻밖의 식사에 참여하는 이들, 세례를 받는 이들, 기뻐하는 이들이 섬세하게 드러날 뿐이다. 간수의 눈이 열리면서 그의 눈에 들어온 이들의 새로운 삶이 열리는 현장이 섬세하게 그려진다.

이야기 속에서 등불은 스포트라이트처럼 몫을 하고, 간수는 카메라 감독의 역할을 하는 듯하다. 우리가 일상에서 누군가의 빛이 된다는 것은 우리 자신만 드러내는 것이 아니다. 그 빛을 사람 앞에 비추게 하는 것으로 다른 사물을 드러내 주고, 다른 이의 존재를, 그들의 이야기를 밝혀 주는 것이다.

엠마오에서의 저녁 식사, 1886~1894, James Tissot, 브룩클린 박물관

# 23

# 엠마오, 등잔 밑을 밝힌 만남

"그들이 강권하여 이르되 우리와 함께 유하사이다 때가 저물어가고
날이 이미 기울었나이다 하니 이에 그들과 함께 유하러 들어가시니라"

눅 24:29

드라마나 영화를 보면서 특정 장면 속 어떤 장소가 인상적
으로 다가올 때가 있다. 마치 우리에게 저마다 추억의 장소가
있는 것처럼. 아무런 말을 하지 않아도, 그곳을 바라보는 것만
으로도 우리 마음 깊숙한 곳에 묵직한 어떤 '느낌'이 솟아날 때
가 있다.

성경 이야기 속에도 그런 장소, 그런 순간이 담겨 있을 것
이다. 그 안에는 해, 달, 별, 나무, 식물, 동물, 냄새, 빛, 맛, 음식
등 다양한 것이 있다. 분명 같은 것인데도 우리의 형편과 처지
에 따라 전혀 새로운 존재로 다가오곤 한다.

오늘의 시간 여행을 시작하자. 누가복음 24장 13~35절의

등장인물은 글로바와 다른 한 사람, 예수, 열한 제자와 또 다른 제자들이다. 이야기의 무대는 '로드 무비'를 찍는 듯 시간의 흐름을 따라 장소가 바뀐다. 예루살렘 모처, 엠마오로 내려가는 길, 엠마오, 엠마오 글로바의 집, 그리고 아마도 마가의 다락방이 이야기의 무대이다. 등장하는 소품은 기대어 눕는 소파, 등잔, 떡과 음식, 음료 등이다. 이 가운데, 등잔을 매개로 풀어 볼 본문은 30~31절이다. 물론 본문 안에 등잔이 직접 언급되지는 않는다.

언제, 어느 시점, 어느 시간대에 벌어진 이야기일까? 예수께서 부활하신 직후의 이야기이다. 그렇다면 4월 초순으로 그 시

엠마오에서의 저녁 식사, 1648, 렘브란트의 제자, Statens Museum

점을 생각해 봐도 좋다.

어느 시간대에 벌어진 이야기일까? 2,000년 전 그날을 구체적으로 떠올리기 위해 4월 초의 먼동부터 일몰, 밤중까지 시간의 흐름을 짚어 본다. 다른 방법이 없어 올해(2023년)의 경우를 참고한다. 예루살렘에서 엠마오로 내려가면서 탁 트여 보이는 이스라엘 텔아비브 지역의 먼동은 05:22, 일출은 06:30, 일몰은 19:00, 밤중은 20:09이었다. 예루살렘은 먼동 05:20, 일출 06:28, 일몰 18:59, 밤중 20:06이었다. 이 두 장소의 시간 흐름을 따라 이야기를 살펴본다.

또한 이 이야기의 무대에 대해 기본적인 이해도 가져야 한다. 예루살렘, 엠마오 그리고 두 곳을 오고 가는 길에 대한 것이다. 이 길은 로마식 포장도로를 의미한다. 로마 제국은 식민지 곳곳에 로마화된 도시를 만들었다. 그리고 그 도시와 도시를 연결하기 위해 로마식 길을, 포장도로를 닦았다. 로마 군대가 오가기에 적절한 조건을 갖춘, 마차가 달릴 수도 있는 길이

↑ 676m  ↓ 1,237m

예루살렘                                                    806m —

                                          엠마오

                                                    187m —

예루살렘에서 엠마오까지

엠마오로 가는 두 제자, 1658, Rembrandt

었다.

당연히 이정표(mile stone)도 있었다. 이 두 곳을 잇는 길의 길이가 얼마나 되었을까? 성경은 '예루살렘에서 이십오 리'(10~12킬로미터, 눅 24:13)라고 적고 있다. 많은 성경 사본이 60스타디아(stadia)로 적고 있지만, 160스타디아로 적고 있는 사본도 있는 듯하다.

로마 거리 측정 기준으로 1스타디온(station, 스타디아는 이 단어의 복수형이다)은 185미터 정도이다. 그렇게 보면 예루살렘 기점(예루살렘 안 어디를 기점으로 삼았는지는 잘 모르겠다)에서 엠마오는

11킬로미터 또는 29.5킬로미터 떨어져 있던 로마 도시였다. 3
시간에서 7~8시간까지 걸리는 짧지 않은 거리였다.

예루살렘에서 산지 길을 따라 엠마오가 자리한 평지 평야로
가는 길은 산악 지형이다. 구글 지도를 활용하여 살펴보면 한
시간에 4~5킬로미터 정도를 갈 수 있을 듯하다. 동쪽 예루살렘
에서 고도 차이가 600~700미터는 족히 되는 서쪽 엠마오 지역
으로 이동하는 두 제자를 떠올려 본다. 엠마오에 도착할 무렵
은 '때가 저물어가고 날이 이미 기울던'(눅 24:29) 시각이었다. 멀
리 지중해에 해가 지는 장면도 떠올려 본다.

두 제자가 예루살렘에서 출발한 것은 이른 오후였을 것이
다. 시간은 낮이지만 제자들의 마음은 이미 깊은 밤 가운데 있
었을 것이다. 예루살렘을 떠나 저 멀리 지는 해를 바라보며 서
쪽으로 가던 두 제자는 어떤 느낌, 감정이었을까? 두 제자는 점
점 저무는 햇살 속으로, 그리고 밤으로 그 모습을 감추고 있다.
절망, 더 깊은 절망 속으로 들어가는 듯 누가는 이야기를 펼쳐
간다.

> "그들과 함께 음식 잡수실 때에 떡을 가지사 축사하시고 떼어
> 그들에게 주시니 그들의 눈이 밝아져 그인 줄 알아 보더니 예
> 수는 그들에게 보이지 아니하시는지라"(눅 24:30~31)

이제 날이 완전히 저물고 밤이 되었다. 오후 8시를 넘어 9시, 10시 이렇게 두 제자의 밤은 깊어만 갔다. 그 깊은 밤 절망의 시간에 예수는 두 제자와 이야기를 이어 간다. 함께 저녁 식사도 했다. 그러다가 문득 예수가 사라진다. 두 제자에게는 마치 꿈만 같은 현실이었다.

두 제자는 발걸음을 재촉한다. 왜 그랬을까? 절망감으로 내려갔던 그 해 지는 서쪽에서 해 뜨는 동쪽으로, 엠마오에서 예루살렘으로 다시 올라간다. 3시간, 4시간, 5시간… 산길을 따라

예루살렘 산지에 떠오르는 해

걸음을 재촉하며 올라간다. 새벽 5시가 지나고 예루살렘 산지 그 너머에 먼동이 튼다.

멀리서부터 새로운 아침이 두 제자 앞에 열리고 있다. 마음은 벅찬 감동으로 밝아 오고, 얼굴은 희망으로 붉은빛을 내는 듯하다. 이제 두 제자는 절망이었던 밤을 지나 희망의 아침을 맞이한다. 새로운 아침, 새로운 하루, 새로운 날이 밝아 오고 있었다. 그 새날이 밝았음을 이 두 제자는 숨어 있던 제자들에게 밝히며 달려간다.

영화나 드라마를 감상하는 것에 지식의 많고 적음이 큰 관건은 아니다. 성경을 읽고 느끼는 것도 크게 다르지 않다. 성경은 우리에게 지적 동의만을 구하지 않는다. 우리의 기억과 추억조차 성경을 온몸으로 공감하도록 돕는다. 성경은 단지 지식과 정보를 건조하게 던져 주지 않는다. 우리의 감정과 추억, 인격에 말을 걸고 있다. 우리 지난 삶의 엠마오와 예루살렘도 다시 떠오르게 한다. 해가 저무는 엠마오로 가는 길, 해가 떠오르는 예루살렘으로 올라가는 길, 우리는 지금 어디쯤에 있는가?

# 24
# 베드로의 새날

"육지에 올라보니 숯불이 있는데 그 위에 생선이 놓였고 떡도 있더라"
요 21:9

여러분과 함께 떠나는 시간 여행, 오늘은 행선지가 분명하다. 갈릴리 호수 서쪽 디베랴 앞 갈릴리 호수이다. 시간 여행은 먼동이 트기 전부터 한낮까지 계속된다.

요한복음을 갈무리하는 21장 1~25절은 독특하다. 예수와 베드로의 대화가 가버나움 앞 호수도 아니고, 게네사렛 성 앞 호수도 아니고, 공교롭게도 티베리아스 성 앞 호수에서 이어지기 때문이다. 작은 로마이기도 했던 곳, 디베료(가이사 티베리우스) 황제의 이름으로 일컬어지던 티베리아스 성 앞 호숫가에서 이 복음서는 열린 결론을 맺는다.

아마도 초대교회 성도들에게 이 이야기의 무대는 인상적이

갈릴리 호수에 떠오르는 해

었을 것이다. 교회의 기둥이자 로마 제국의 국외자인 베드로가 황제의 도성 로마에서 사역을 마친 것을 알았기 때문이다. 본문은 성문 밖에서 십자가 죽음을 맞이한 예수의 죽음과 황제의 도성 로마 안에서 벌어진 베드로의 죽음을 떠올리게 한다.

이 이야기의 등장인물은 베드로, 도마, 나다나엘, 야고보와 요한, 다른 제자 두 명, 그리고 예수이다. 앞서 짚어 본 것처럼

유대인에게 해가 진 저녁은 새로운 날의 시작이었다. 하루가 새롭게 시작되는 그 저녁부터 밤중 시각을 지나, 날이 새는 때까지 이야기는 이어진다. 시시각각 변화는 시간의 흐름을 마치 타임 랩스처럼 담아내고 있다. 독자인 우리만 모를 뿐이다. 무대는 갈릴리 호수 사방이다.

예수와 베드로가 서로의 자리에 있다가 만나는 장면부터 이 이야기가 열린 맺음으로 끝날 때까지 성경의 시선은 두 사람에게 주목하는 것처럼 보인다. 그렇지만 사실 두 사람의 지난 과거와 현재, 그리고 베드로의 새롭게 성숙된 삶을 미리 보여 주는 복선도 깔고 있는 듯하다.

그 자리에는 배와 여러 개의 숯불, 생선, 구운 빵과 다른 먹거리(빵과 찍어 먹을 간단한 무엇이었을 것이다)가 있었을 것이고, 영상으로 담는다면 아마도 주변의 양떼도 보일 것이다. 이 가운데 등잔을 매개로 풀어 볼 구절은 없다. 직접적으로 등잔이 언급되지 않기 때문이다. 밤을 새며 고기를 잡고자 노력하던 제자들의 배에서 등잔불을 사용했는지도 불분명하다.

갈릴리 호수의 다른 이름에 대해서 아는가? 이 질문에 많은 이들은 곧장 답한다. 디베랴 바다, 게네사렛 호수, 긴네롯 바다 등이라고. 그런데 사실 게네사렛 호수는 게네사렛 앞 갈릴리 호수를, 디베랴 바다는 디베랴 앞 갈릴리 호수를 지칭하는 것일 뿐이다. 갈릴리 호수는 수많은 선착장이 있었다. 예수 시대 기준으로 최소 15개 이상이 존재했다. 고깃배가 아니라 여객선이나 화물선이라면, 그 노선(뱃길)이 따로 정해져 있었다. 물결과 바람 등에 따라 형성된 길이었다.

이 이야기는 날이 저무는 시각부터(요 21:3a) 밤이 깊어지고 (요 21:3b), 먼동이 트는 시각(요 21:4), 해가 뜬 뒤, 정오 가까운 시간(요 21:15, 조반을 먹은 후) 그리고 한낮으로 이어지고 있다. 하루

가 익어 가는 시간의 흐름을 따라 베드로와 예수의 대화가 전
개된다.

갈릴리 호수가 석양으로 노을 진다. 그 시각에 제자들은 오
랜만에 헛헛한 마음으로 배를 타고 호수에 스며든다. 붉은빛
호수의 붉은 기운이 사라지고 짙은 갈색의 밤이 깊어만 간다.
로마를 닮은 작은 도시, 가이사 티베리우스 황제를 떠올리게
하는 도시, 디베랴 성은 화려한 불빛을 뿜어낸다. 호숫가에 그
물그림자가 선명하다. 베드로와 제자들이 밤새 그물질을 하는
시간에 디베랴 성의 불빛이 무척 화려하게 다가왔을 것이다.

흥미로운 것은 예수의 갈릴리 사역의 무대 가운데 디베랴가
나오지 않는 것이다. 요한만 언급할 뿐이다(요 6:1, 23, 21:1). 갈릴
리 호수 서쪽의 벳새다, 고라신, 가버나움, 막달라, 게네사렛 등
이 언급되는 것과 비교가 된다. 먼동이 트고, 호수 건너편 골란
고원에서 밝아 오는 아침과 떠오르는 햇살 덕분에 도시의 화려
함이 새로운 어둠 속으로 다 사라진다.

예수는 호숫가 주변의 마른 나뭇가지를 모아, 비비고 문질
러서 불을 붙인다. 장작불을 피운다. 호숫가에서 잡아 놓은 생
선을 굽는다. 불이 사그라지며 숯불이 된 그 위에 떡을 굽는다.
구수한 향이 입맛을 다진다. 구운 생선 냄새와 빵 냄새가 숯불
의 불빛과 더불어 호숫가로 다가서는 베드로와 제자들에게 '빛'
으로 비추인다.

예수와 베드로를 비롯한 제자들은 떡과 생선을 함께 먹었다 (요 21:9, 10, 13). 새롭게 잡은 생선을 더 구워 먹는다(요 21:10). 노동의 아침이 새롭다.

식사 후에 베드로와 예수의 대화가 이어진다. 그 자리에서 베드로에게 "네가 젊어서는 스스로 띠 띠고 원하는 곳으로 다녔거니와 늙어서는 네 팔을 벌리리니 남이 네게 띠 띠우고 원하지 아니하는 곳으로 데려가리라"(요 21:18)라고 말씀하신다. 독자들은 이 이야기를 접하면서 베드로의 삶과 죽음을 떠올렸을 것이다. 우리가 알고 있는 후일담에 따르면 베드로는 로마에 들어가 이 일을 당했다고 한다.

그렇게 날은 점점 밝아져, 해가 중천에 떠올랐다. 하루가 밝아 오는 가운데, 베드로의 새로운 삶도 밝아 오는 것만 같다.

예수 시대 유대인과 이스라엘인들은 로마의 지배하에서 오늘날 우리의 달력과 같은 1월 1일을 새해로 지켜야 했다. 그런데 고대 이스라엘의 전통은 가을의 한 날, 일반적으로 9월과 10월 사이의 하루를 새해로 맞이했다. 가을, 겨울, 봄, 여름의 순으로 사계절을 보낸 것이다.

로마 제국의 봄은 식민 지배의 소득을 거두는 수확의 계절이었다. 이스라엘의 봄은 수탈과 착취, 상대적 박탈감에 빠지는 계절이었다. 유월절이나 무교절(유월절), 맥추절(칠칠절) 그리고 수장절(장막절)은 박탈감이 더욱 큰 절기였다. 따라서 유월절은 더더욱 로마로부터 독립에 대한 갈망이 커지곤 했을 듯하다.

성경의 무대 곳곳에서, 그때 그곳에서 살던 이들의 봄은 어떤 풍경, 어떤 느낌이었을까? 그들에게도 봄은 새로운 기대와 희망으로 차올랐을까? 늘 그렇지는 않았을 것이다. 유월절이 지난 어떤 봄날, 그 새벽부터 예수는 베드로의 새로운 시작이 무르익었음을 느끼게 돕는 듯하다.

우리의 봄은 언제인가? 그 봄은 어떤 느낌과 어떤 그림 언어로 채워져 있는가? 우리가 사는 곳, 이제까지 살아온 삶의 자리에 따라, 또 지금 살고 있는 형편에 따라 그저 다양할 것이다. 우리의 봄은 어떻게 오는가? 열리는 봄을 보고 있는가? 누리고 있는가?

로마 제국으로 인해 빼앗긴 봄에, 예수는 전혀 새로운 봄, 로마 제국의 성으로부터 탈출하는 새로운 유월절을 베드로에게 그리고 이 이야기를 마주하는 이들에게 차분하게 열어 준다. 그 오래전 밤에 모세와 함께 유월절 양을 잡고 이집트를 떠났던 그 아침을 떠올리게 한다. 출애굽의 아침처럼, 바벨론 포로 귀환의 그 아침처럼, 제국에 저항하는 것도 굴복하는 것도 아닌 탈출의 새 아침을 그려 주고 있다.

## 더 보 기

신약성경은 고대 그리스 로마를 배경으로 하고 있다. 1세기 배경으로 성경 다시 읽기를 좋아한다. 도움이 되는 책 몇 권을 소개한다.

- Bailey, Kenneth E. 베일리, 케네스 E. (2017). 지중해의 눈으로 본 바울, [Paul Through Mediterranean Eyes: Cultural Studies in 1 Corinthians] (김귀탁, 역). 새물결플러스. (원서 2011 출판)

- deSilva, David A. 드실바, 데이비드 A. (2021). 에베소에서 보낸 일주일 1세기 그리스도인은 요한계시록을 어떤 의미로 읽었을까? [A Week In the Life of Ephesus]. (이여진, 역). 이레서원. (원서 2020 출판)

- Gaventa, Beverly Roberts. 가벤타, 비벌리 로버츠 (2021). 로마서에 가면, [When in Romans: An Invitation to Linger with the Gospel according to Paul]. (이학영, 역). 도서출판 학영. (원서 2018 출판)

- Hengel, Martin. 헹엘, 마르틴 (2020). 초기 기독교의 사회경제사상, [Property and Riches in the Early Church: Aspects of a Social History of Early Christianity]. (이영욱, 역). 감은사. (원서 1998 출판)

- Knapp, Robert. 냅, 로버트. (2012). 99%의 로마인은 어떻게 살았을까? - 로마의 보통 사람들.[Invisible Romans: Prostitutes, Outlaws, Slaves, Gladiators, Ordinary Men and Women... The Romans That History Forgot]. (김민수, 역). 이론과 실천. (원서 2011 출판)

- Matyszak, Philip. 마티작, 필립. (2018). 로마에서 24시간 살아보기 - 2000년 전 로마인의 일상을 들여다보는 생활 밀착형 문화사, [24 Hours in Ancient Rome: A Day in the Life of the People Who Lived There]. (이정민, 역). 매일경제신문사2018-06-20원제 : 24 Hours In Ancient Rome (원서 2017 출판)

- Papandrea, James L. 파판드레아, 제임스 L. (2021). 로마에서 보낸 일주일 1세기 로마에서 그리스도를 따른다는 것, [A Week in the Life of Rome]. (오현미, 역). 북오븐. (원서 2019 출판)

- Ryan, Garrett. 라이언, 개릿 (2022). 거꾸로 읽는 그리스 로마사 신화가 아닌 보통 사람의 삶으로 본 그리스 로마 시대, [Naked Statues, Fat Gladiators, and War Elephants: Frequently Asked Questions about the Ancient Greeks and Romans]. (최현영, 역). 다산초당(다산북스). (원서 2021 출판)

• Witherington III, Ben. 위더링턴 3세, 벤. (2020). 고린도에서 보낸 일주일 바울 사역의 사회적, 문화적 정황 이야기, [A Week in the Life of Corinth]. (오현미, 역). 이레서원. (원서 2012 출판)

예수 가족의
이집트로의 피난,
1651, Rembrandt

PART 4

**빛이 있으라**

람세스 3세에게 정복을 명령하며 권능의 손을 뻗은 아몬 라, 메디나트 하부 신전, 룩소

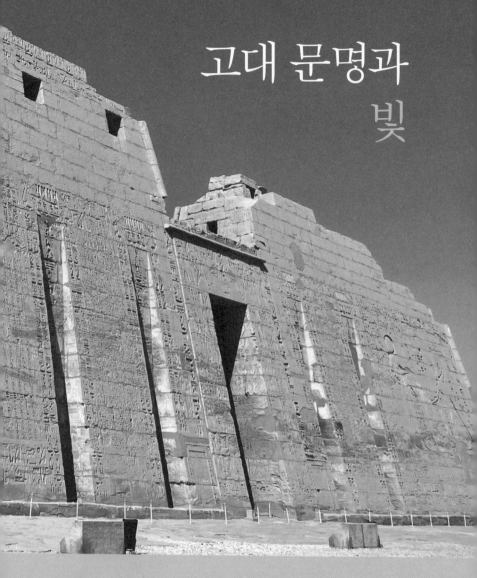

# 고대 문명과
## 빛

해와 달과 별이 이집트 문명권과 메소포타미아 문명권에서 아주 중요한 신의
상징이고, 형상이었다는 사실에 주목한다. 그러나 해의 신, 달의 신, 별의 신도
결국 여호와 하나님이 지으셨다는 선포를 마주한다. 그 신들의 위협, 즉 낮의
해와 밤의 달로부터 여호와께서 지켜 주셨다는 광야 백성의 고백도 짚어 보고,
고대 이집트의 신도 한갓 피조물일 뿐이라고 선언하는 신앙을 곱씹어 본다.

예수가 십자가에 달렸을 때
해는 빛을 잃었다.

# 25
# 태양신을 구름과 불로 가리셨다

"새벽에 여호와께서 불과 구름 기둥 가운데서 애굽 군대를 보시고
애굽 군대를 어지럽게 하시며"

출 14:24

지금 여러분과 함께 떠나는 시간 여행지는 출애굽기 14장
의 무대 홍해 주변이다. 물론 이 홍해는 시나이 반도 서쪽에 자
리한, 이집트 본토에 닿아 있는 곳이다. 물속이 훤히 들여다보
이는 맑고 푸른빛 가득한 바다(홍해)와 군사 도시 믹돌, 비하히
롯, 바알스본, 광야가 언급된다. 때는 유월절 직후이니 3월 말
에서 4월 초였을 것이다. 그중의 어느 날 오전부터 오후, 저녁,
그리고 다음 날 온종일 일어났던 이야기이다.

오늘 시간 여행에 필요한 것이 있다. 무엇보다도 옷이다.
큰 일교차가 발생하는 환절기였으니 해가 뜨기 전, 해가 진 직
후에 찾아오는 매서운 추위에 견딜 수 있는 옷차림이 필요하

이집트 카이로 근교 기자의 아침 햇살과 빛나는 피라미드 지역

다. 그리고 꼬박 이틀간의 일정이다. 이번 방문에서 보게 될 인물은 이집트(애굽)의 파라오(바로)와 그의 신하들, 그리고 최소 1,200명 규모의 이집트 군대(지휘관과 병거 부대 마병들), 모세와 출애굽 백성들(모세에게 항의하던 이들과 군중들)이다.

소품으로는 이집트 진영에 고대 병거 600대와 말 1,200마리, 600개 이상의 활과 칼, 수천 개의 화살이 있었을 것이다. 이스라엘 진영에는 몇 채인지 모를 출애굽 백성의 임시 장막, 세간살이, 모세의 지팡이 등이다. 절대다수가 도시 노동자였을 가능성을 생각하면, 또 일부가 고센 광야에서 목축을 하고 있었던 것을 감안하면, 당시 5대 정도가 한 가족을 구성했던 것을 고려하면, 그리고 다급하게 이동하던 상황을 고려하면 천막의 수는 그리 많지 않았을 것이다.

모세가 지팡이를 들고 있다. 고대 이집트에서 지팡이(다양한 이름과 모양이 있었지만)는 권력을 드러내 주는 중요한 상징이었다. 모세가 지팡이 잡은 손을 바다 위로 내미는 장면은 퍽 인상적이다. 이것은 고대 이집트인들이나 출애굽 백성에게 구체적인 그림 언어로 다가왔을 것이다.

이집트 신왕국 시대에, 이런 자세는 태양신 아몬 라(Amon-Ra)의 고유한 몸짓의 하나였다. 파라오가 정복을 마치고 귀환하여 아몬 라에게 포로를 전리품으로 바칠 때, 그것을 받아들이는 아몬 라의 모습이 담겨 있다. 하나님은 모세를 파라오에게 '신 같게', 마치 태양신 아몬 라 같은 존재로 그려 주신다.

이제 좀 더 '태양'이라는 소재로 다가선다. 먼저 이 구절을 읽고 눈앞에 그려 보자. "저쪽에는 구름과 흑암이 있고 이쪽에는 밤이 밝으므로 밤새도록 저쪽이 이쪽에 가까이 못하였더라"(출 14:20) 무엇이 떠오르는가? 어떤 느낌이 다가오는가?

태양신 아몬 라가 다스리던 태양의 제국이자, 태양 왕인 파라오가 지배하던 땅이 구름과 흑암에 덮여 있다. 이집트 파라오와 신은 때때로 날개 달린 태양으로 묘사되었다. 바로 그 파라오가 직접 출병하여 출애굽 백성을 추격하고 있는데 상황을 이렇게 묘사한 것이다. 그렇다. 파라오의 땅, 아몬 라의 땅 그

곳은 이미 빛이 사라진 땅이다. 인상적이지 않는가? 게다가 출애굽 한 이들이 있는 곳은 밤조차 빛나고 있다.

더 극적인 풍경이 이어진다. 하늘과 땅이 붉은빛으로 덮이는 새벽, 홍해도 붉게 물들어 가고 있는 시각이다. "새벽에 여호와께서 불과 구름 기둥 가운데서 애굽 군대를 보시고 애굽 군대를 어지럽게 하시며"(출 14:24)

떠오르는 태양이 이집트 땅을 비추는 것이 아니라, 하나님의 빛(불 기둥)이 그 땅을 추격한 파라오와 철 병거와 마병과 말들을 비추고 있다. 이집트의 철 병거도 빛에 반짝이고, 파라오와 병사의 얼굴도, 아몬 라의 땅도 햇볕이 아니라 하나님의 빛으로 비추어진다. 묘하다. 여호와 하나님이 떠오르는 태양보다 더 밝은 빛으로 존재감을 드러내고 있다. 여호와 하나님이 태양신 아몬 라의 땅과 태양 왕 파라오를 지배하고 있음을 그리게 한다.

이 이야기 속에서 이집트를 떠난 이들은 오랜 시간 태양의 제국, 곧 태양신을 숭배하는 파라오가 다스리는 땅에 살았다. 그런데 여호와 하나님은 흑암 재앙에서 보여지는 것처럼 태양을 가리고 검은 구름으로 덮으신다. 구름 기둥과 빛(불) 기둥을 움직이신다. 이집트의 태양신, 그 신의 저주를 떠올리게 할 수도 있었던 낮의 해로부터 구름 기둥으로 이스라엘을 지키셨다. 이렇듯 구름 기둥과 불 기둥은 여호와 하나님의 신적인 권능을 담아내는 것이었다.

출애굽 자체는 광야에 들어서는 것으로 마무리된다. 광야 입성, 그것은 출애굽 백성에게 이집트가 아닌 새로운 세계가 펼쳐지는 일이었다. 정도의 차이가 있었겠지만, 막막함과 불안함으로 시작된 발걸음이었다. 그럼에도 새로운 일상, 새로운 노멀(New Normal)이었다.

고대 이집트에서 이 광야는 죽음의 신 세스(Seth)가 지배하는 어둠의 땅이었다. 세스는 바람과 폭풍의 신으로서 질서와 진실의 신 마아트(Maat)가 머무는 이집트 땅에 혼돈을 가져오는 존재였다. 광야는 해마다 봄이면 50일 안팎의 긴 시간 동안 검은 모래바람을 몰고 파라오의 땅 이집트를 위협하는 죽음의 신이 지배하는 땅이었다.

출애굽 백성도 이 같은 신화를 들어서 이미 알고 있었을 것이다. 이집트 탈출에 성공하여 광야에 들어선 백성은 꽃길만 간 것이 아니다. 이제 또 다른 위협, 그들 안에 이미 견고하게 자리 잡은 이 공포와 맞서야 했다. 산 넘어 산이다. 그러나 하나님과 함께하는 새로운 출발이었다.

한 번쯤 생각해 보면 좋겠다. 지금 우리는 어디에 있는 것일까? 여전히 태양신의 땅, 태양 왕이 다스리는 땅 이집트인가? 아니면 홍해 앞에서 두려움으로 어찌할 줄 몰라 당황하고 있는 것은 아닌가? 과연 우리는 애굽 체제에 저항하고 있는가, 아니면 순응하고 있는가?

출애굽, 이집트로부터의 탈출은 단순한 도피가 아니었다.
태양신의 제국, 태양 왕의 지배에서 벗어나 살아가는 이야기,

아부심벨 신전 성소에 자리 잡은 지하 세계의 신 프타, 태양신 아몬, 람세스 2세, 지평선에
떠오르는 태양신 레 하라크티, 1836, David Roberts

그 새로운 이야기의 무대에 들어선 것이다. 광야, 그 광야를 삶의 터전으로 삼아 하나님과 함께 새로운 일상을 살아 내는 이야기, 그것이 출애굽 이야기이다.

태양신 라의 땅이라는, 익숙했던 이집트를 떠나 죽음의 신 세스가 다스리는 광야라는 낯선 시간과 공간 속으로 들어간 출애굽 백성들을 떠올린다. 이 모든 것이 처음이었던 이들, 이들과 함께 새로운 민족, 새로운 나라, 새로운 삶을 펼쳐 나가시는 하나님을 기억한다. 여호와 하나님이 구름 기둥과 불 기둥이 되어 앞서서 이끄신다. 마치 등잔불이 발치를 밝혀 주고 한 발 한 발 내디딜 수 있도록 앞을 비춰 주듯이, 구름 기둥과 불 기둥을 통해 하나님이 이끌고 계신다.

이제 우리도 이집트를 나서야 한다. 그것이 무엇인지, 어떻게 해야 하는지는 몰라도 상관없다. 꼭 이것과 저것 사이에만 길이 있는 것이 아니다. 둘 중 하나를 선택해야만 하는 것도 아니다. 여기 새로운 길도 있을 수 있다. 아직 모세의 떨기나무 체험이 없어도, 내가 선택하지 않은 환경에 처해 있다고 해도 괜찮다. 출애굽 백성들 모두가 마찬가지였던 것을 기억하자.

무엇보다 하나님의 '빛'이 우리에게도 비추일 것을 기대하자. 처음이니 서툰 것이 이상하지 않다. 앞으로 달려 나갈 수 없어도 괜찮다. 한 걸음 한 걸음 걷다 보면, 앞에 열린 길을 따라가다 보면, 우리는 어느 곳에 다다른 것을 볼 수 있을 것이다.

# 26
# 만물을 창조하신 하나님

"주의 손가락으로 만드신 주의 하늘과
주께서 베풀어 두신 달과 별들을 내가 보오니"

시 8:3

여러분과 함께 떠날 시간 여행의 행선지는 고대 이집트이
다. 그런데 갈 곳이 한 곳이 아니다. 이집트 최남단 수에네(아스
완)부터 지중해에 닿아 있는 알렉산드리아에 이르기까지 둘러
봐야 한다. 이집트 카이로 북동 지역의 삼각주 평야 지대는 꼭
가야만 한다. 시 한 편을 읽기 위해 이 같은 수고스러운 시간 여
행을 해야 한다고 하니, 막연할 것이다.

창세기의 창조 이야기를 고대 이집트인이 마주했다면 어떤
생각을 했을까? 이 질문에 스스로 답해 보려면, 고대 이집트인
이 믿었던 창세 신화를 알면 좋을 것 같다.

한 가지 기억할 것은 신화를 대하는 자세이다. 동화이든 우

화이든 신화이든 어떤 옛이야기는 과학이나 합리성의 눈을 필요로 하지 않을 때가 많다. '햇님 달님이 된 오누이 이야기'를 받아들이는 우리처럼, 그들도 그랬을 것이다. "아니 호랑이가 어떻게 말을 해요? 호랑이한테 잡아먹힌 할머니가 어떻게 다시 호랑이 배에서 나와요?" 이 같은 반응을 하지 않는 것이다.

이야기는 그저 이야기이다. 들으면서 바로 반응할 수 있는 '공감' 그것이면 충분하다. 고대 이집트인도 크게 다르지 않았다. 그들이 갖고 있던 이집트 신화는 시대와 지역 등에 따라 같은 듯 다른 듯, 비슷한 듯 아닌 듯한 요소와 내용이 많다.

고대 이집트에는 헤르모폴리스(Hermopolis, 이집트 중부 엘민야 지방) 창세 신화, 헬리오폴리스(Heliopolis, 카이로 북쪽) 창세 신화,

이집트 남부 룩소 카르낙 신전의 벽화

멤피스(Memphis, 카이로 근교) 창세 신화 등 여러 창조 신화가 있었다. 그것은 이집트가 단일한 도시 국가나 정치 세력에 의해 지배된 것이 아니기 때문이다. 이 창세 신화들은 저마다의 방식으로 세상의 기원을 설명한다.

헤르모폴리스의 신화에 따르면 원시 바다 눈(Nun, 원초적 대양)이 존재했다. 이집트인들은 이 눈을 숨김, 무한함, 방향 없음, 어둠과 같은 특징을 가진 것으로 생각했다.[1] 이 눈에서 태양신 아톰이 스스로 솟아나서 빛과 질서를 만들었다. 멤피스 창세 신화는 창조신 프타(Ptah)를 등장시킨다. 이 프타가 헬리오폴리스의 태양신 아톰을 지었다고도 주장한다. 독특한 것은 이 프타가 '말'로 아톰과 다른 신을 만들어 냈다는 점이다. 그야말로 신들의 전쟁이다.

창세기 1장의 창조 이야기는, 이집트의 원시 바다나 태양신 아톰 이전의 세계를 소개한다. "땅이 혼돈하고 공허하며 흑암이 깊음 위에"(창 1:2) 있었다는 창세기의 서술은 모든 것이 있기 전에 하나님이 그것을 다스리고 지었다고 선언한다. 하나님이 모든 것을 지은 창조주라는 것이다.

한편 고대 사람들은 해를 포함한 천체를 어떻게 생각했을까? 그들은 해와 달과 별을 어떻게 받아들였을까? 한 가지 분명한 것은 이 세 존재를 신적인 것으로 여겼다는 사실이다.

오늘날 이란에 자리한 고대 엘람 왕국의 수도 수사에서 기원전 12세기의 기념비가 발견되었다. 그것을 살펴보면, 쿠두르루(Kudurru)의 왕 멜리쉬팍 1세(Melishipak, BC 1186~1172)와 공주가 함께 난나야(Nannaya) 여신 앞에 서 있다. 그 위에는 달신 신(Sin), 태양신 샤마쉬(Shamash), 별신 이쉬타르(Ishtar)도 그려져 있다.

또한 이집트 남부 룩소의 나일강 동쪽 카르낙에 자리한 기원전 13세기의 파라오 세티 1세(Seti) 신전에서도 이런 형상들을 볼 수 있다. 그곳에는 태양신 아몬 레(Amon-Re), 태양 여신 세크

온갖 신의 형상이 새겨진 카르낙 신전의 기둥

메트(Sekhmet), 달신 콘수(Khonsu), 하늘 여신 무트(Mut)가 그려져 있다. 이런 배경에서 시편 8편 3절을 보자.

"주의 손가락으로 만드신 주의 하늘과 주께서 베풀어 두신 달과 별들을 내가 보오니"

이것은 고대 메소포타미아 지역의 신을 여호와의 피조물이라고 선언하는 것이 아닌가? 메소포타미아 체제에 대한 도전이고 저항이고 거부로 받아들여지는 행위가 아닌가? 또 이집트 신왕국 시대 주신이었던 존재를 여호와 하나님이 지으셨다고 선포하는 것이 아닌가? 물론 시인의 노래 속 해 달 별이 단순한 천체라고 생각할 수도 있다. 그러나 동시에 고대 메소포타미아와 이집트의 으뜸 신들을 가리키는 해신, 달신, 별신이기도 했다.

출애굽을 인도했던 모세는 이집트를 직접 경험하지 못한 광야 세대에게 이렇게 분명히 말했다. "또 그리하여 네가 하늘을 향하여 눈을 들어 해와 달과 별들, 하늘 위의 모든 천체 곧 너희의 하나님 여호와께서 천하 만민을 위하여 배정하신 것을 보고 미혹하여 그것에 경배하며 섬기지 말라"(신 4:19) 해의 신, 달의 신, 별의 신은 여호와 하나님의 피조물일 뿐이다.

이집트 룩소 서쪽 데이르 엘-메디나 지역에 있는
센네젬(Sennedjem)의 무덤 벽화

또 다른 주제를 짚어
본다. 고대 이집트 신왕
국 시기의 무덤 벽화에
자주 나오는 '이야기 그
림'이 있다. 우화를 떠올
리게 하는 그림이다.

이 그림에는 세 가지
가 담겨 있다. 고대 이집
트인이 생명나무로 여긴
돌무화과나무, 뱀, 그리
고 뱀의 머리를 상하게

하는 고양이이다. 여기서 고양이는 일반적으로 이집트의 태양
신 라(Ra)를 상징한다. 생명나무는 삭개오 이야기에도 나오는
그 뽕나무(Sycamore tree)이다.

뱀은 혼돈의 신 아페프(Apep)이다. 이 신은 태양신 라를 위
협하고, 질서와 진실의 신 마아트에 맞서는 존재이다. 전체적
으로 이 그림은 태양신 라가 혼돈의 신 아페프를 죽여 질서를
지키고 빛을 낸다는 승리의 신화를 담고 있다.

출애굽 시대를 살던 이들은 이런 신화를 익히 알고 있었을
것이다. 그렇다면 "내가 너로 여자와 원수가 되게 하고 네 후손
도 여자의 후손과 원수가 되게 하리니 여자의 후손은 네 머리

를 상하게 할 것이요 너는 그의 발꿈치를 상하게 할 것이니라 하시고"(창 3:15)라는 창세기의 말씀은 그들에게 어떻게 다가갔을까? 그들은 무엇을 떠올렸을까? 여자의 후손이 뱀의 머리를 상하게 하는 이야기를 들으면서, 어떤 장면을 떠올렸을까?

어떤 이들은 출애굽 시대 이집트 최고의 신, 태양신 라가 혼돈의 신 아페프의 머리를 상하게 하는 이 이야기를 떠올리지 않았을까? 아페프를 이긴 라와 창세기 3장에 담긴 여자의 후손을 연결시킨 이들은 또 없었을까? 놀라운 사실은 창세기 3장이 태양신 라를 존재하게 하는 이가 모든 산 자의 어미인 하와라고 말하고 있는 것이다. 고대 이집트의 창조신, 빛의 근원인 태양신이라도 여호와 하나님이 지으신 존재라고 선포하는 것으로 받아들인 이들도 적지 않았을 것이다.

이 시를 읽으면서, 단지 태양계를 지으신 하나님만 기억하는 것은 부족하다. 밤 하늘의 은하수와 달과 별빛의 아름다움을 감상하는 것에 멈춘다면 아쉽다.

---

1)   유성환. "멤피스 창세신화 - 발화를 통한 창조행위의 비교종교학적 의미" 종교와 문화 no. 31(2016), 163-230.

# 27

# 이방신을 멈춰 세우셨다

❧

"여호와께서 아모리 사람을 이스라엘 자손에게 넘겨 주시던 날에
여호수아가 여호와께 아뢰어 이스라엘의 목전에서 이르되 태양아 너는 기브온
위에 머무르라 달아 너도 아얄론 골짜기에서 그리할지어다 하매"

수 10:12

전투 현장, 그것도 오래전 낯선 지역을 배경으로 벌어지는 장면을 떠올려 보는 것은 쉽지 않다. 이 전투 이야기의 등장인물은 여호수아를 비롯한 이스라엘 군대와 아모리 족속 연합군이다. 영화로 찍는다면 얼마 정도의 인원을 동원해야 할까? 이 이야기에 나오는 소품은 무엇일까? 어떤 옷차림이었을까? 또 어떤 무기가 등장했을까? 말과 마차는 동원되었을까?

당시는 청동 검도 흔하지 않았던 때이다. 더구나 이스라엘 백성이 무장했다고 하여 모두 이집트 정예군처럼 장비를 갖추었다고 보기도 힘든 일 아닌가? 청동 검이나 활과 화살, 창으로 무장한 아주 소수를 제외하면, 치고받고 몸을 무기 삼아 육탄

전을 벌이는 장면이 더 많지 않았을까?

전투 장면을 생생하게 떠올려 보고 싶은데, 여호수아 10장은 별다른 이야기를 하지 않는다. 3,500년 전 그 시절 가나안 족속과 이스라엘 백성의 전쟁 무기에 대한 이해가 부족한 것을 새삼 느낀다.

본문의 기브온 전투 이야기는 어느 늦은 봄날 먼동이 터서 해가 지기까지, 그러니까 아마도 약 14시간 동안 벌이는 전투를 그리고 있다. 이제 막 날이 밝아 올 때 이스라엘 백성의 군대가 비탈을 올라와 문득 상대 앞에 모습을 드러내는 장면을 떠올려 보자.

뒤로는 햇살이 비치고, 실루엣처럼 후광을 입은 무리가 벧호론 비탈길을 내리 달려오며 기습 공격을 한다. 떠오르는 햇살은 눈이 부시기만 하다. 제대로 눈을 뜰 수가 없다. 그러니 비탈길을 달려오는 공격을 막아 낸다는 것은 쉽지 않다.

여호수아와 이스라엘 백성은 그 전투 현장의 지형지물을 가장 적절한 순간에 가장 효과적으로 활용하고 있다. 그 현장에 처음 들어섰을 이스라엘 백성의 지혜가 아니라, 하나님이 주신 지혜이다. 이런 것이 기적이다. 기적은 단지 결과로서의 기적만 있는 것이 아니다. 그 과정을 채워 주는 작은 기적을 볼 수 있는 눈이 우리에게도 열리면 좋겠다.

이어지는 전투 속에 가나안 신 바알을 떠올리게 하는 우박

까지 빗발치는 총알이 되어, 아모리 연합군을 공격하는 듯하다. "바알도 저 이스라엘 군대를 돕는단 말인가?" 이런 탄식이 쏟아진다. 그 위로 태양의 붉은빛과 그 빛을 입은 큰 우박 덩어리가 쏟아진다. 그야말로 아모리 연합군이 손쓸 틈도 없이, 눈도 뜨지 못한 채 무너진 것이다(수 10:11).

성경을 보수적인 시선으로 읽는 이들, 이른바 문자적으로 읽으려는 이들이 있다. 나도 그런 사람이었고 그런 사람이다. 위의 이야기를 읽으면서 태양이 멈추고 달이 멈췄다고 믿었다. 그리고 그렇게 가르치고 설교도 했다.

이집트에 머물던 90년대 초, 비전 트립(vision trip)을 온 이들과 함께 이스라엘과 팔레스타인 지역을 두루 다닌 적이 있었다. 그중에는 이 말씀의 무대였던 기브온 지역도 있었다. 또 아얄론 골짜기를 보았고, 멀리 기브아 산지와 예루살렘 산지도 살펴보았다.

때는 그해 늦봄 어느 오후 무렵이었다. 기브온 언덕 위에는 해가, 아얄론 골짜기(서쪽)에는 달이 떠 있었다. 그랬다. 성경의 서술이 바로 눈에 들어왔다. 어렵게 해석하지 않아도 되었다. 아마도 이 글을 읽는 이 가운데에도, 나처럼 해와 큼지막한 달이 같이 떠 있는 낮을 경험한 이들이 분명 있을 것 같다.

여호수아 이야기의 무대에서 기브온은 북쪽 방향, 아얄론 골짜기는 기브온 남쪽(동서로 이어지는 골짜기)에 자리하고 있다.

이곳에서 달은 밤에만 뜨는 것이 아니다. 초승달, 상현달, 보름달, 하현달, 그리고 그믐달로 바뀌며 서에서 동으로 달이 뜨는 지점이 변한다. 달의 위치가 움직이는 것이다. 그래서 상현달로 변한 후부터는 대낮에 달이 떠 있는 모습을 볼 수 있다.

당시 기브온 전쟁 시기는 봄에서 여름 사이로 볼 수 있다. 이때 달의 모양이 어땠는지 정확히 알 수는 없지만, 그 봄날에도 달이 정오부터 저녁 7시에 떠 있던 경우가 있을 것이다. 즉 한낮에 아얄론 골짜기 위에 달이 떠 있는 날이 있었을 것이다.

좀 더 자세히 들여다보자. 이 전투에는 기브온과 아얄론 골짜기가 나온다. 또 벧호론 비탈, 아세가, 믹게다 등의 지명도 나온다. 동쪽으로는 베냐민 산지와 예루살렘 산지가, 남쪽으로는 동에서 서로 이어지는 아얄론 골짜기, 소렉 골짜기, 엘라 골짜기가 펼쳐진다. 북동쪽으로는 기브온 산지가 자리 잡는다.

전투 현장을 구체적으로 확정할 수는 없지만, 본문을 보면 길갈에서 기브온 북동쪽을 지나 벧호론 비탈길을 넘어 소렉 골짜기의 아세가까지 공격하는 것으로 나온다. 구글 지도를 활용하면 그 경로를 그려 볼 수 있다.

이스라엘은 우선 해발 고도 -270미터 지점인 길갈에서부터 고도 870미터 안팎의 기브온 주변 산지를 넘어갔다. 다시 그곳에서 고도 340미터 안팎의 아세가까지 30킬로미터 거리를 치고 나간다. 이동 거리만도 90킬로미터 안팎이다. 오르막길이 2,100미터, 내리막길이 1,600미터에 이른다. 이것은 하룻길이 아니었다. 그럼에도 그들은 길갈을 출발하여 기브온 전투 현장까지 밤새도록 올라갔다고 그리고 있다(수 10:9).

날이 밝을 때 시작한 전투가 기브온에서 아세가까지 이어지며 마무리될 때, 아세가 멀리 대해(지중해)로 해가 저물고 있었을 것이다. 그 장면을 떠올려 본다. 해 뜨는 곳에서부터 해 지는 곳까지 전투를 벌여 승리한 것이다. 바로 이 이야기를 짧게 요약하듯 고백한 것이 여호수아 10장 12절이다. 태양과 달을, 태양신과 달신을 지배하고 다스리시는 여호와 하나님이 승리를 주셨다고 선언하는 것이다.

태양신 아몬 라가 다스리는 이집트를 떠나온 이들은 이렇게 가나안 땅에 자리를 잡는다. 왼쪽으로는 태양신의 땅 이집트, 오른쪽으로 달신의 땅 메소포타미아, 이 둘 사이에 자리한 땅에서 여호수아의 입을 빌려 여호와의 이름을 부른다. 이 전투는 좌로도 우로도 치우치지 않고 오직 여호와 하나님만 의지한 이스라엘이 이긴다는 것을 드러내 준다.

태양이, 달이 어떻게 멈췄을까? 과학적으로 분석하고 믿는 것도 의미가 있을지 모른다. 또는 그저 단순하게 하나님이 그렇게 하셨다고 여기고 지나가는 것도 나쁘지 않을 것이다. 그렇지만 신들의 땅에서, 신들의 전쟁이 펼쳐지던 세계에서, 여

앗수르바니발 2세 당시의 수호신 부조상, 보스턴 박물관

호와 하나님이 모든 신을 지배하고 다스리신다는 선언과 고백의 당당함을 떠올리는 것도 좋지 않을까?

하나님의 맞수처럼, 하나님의 대체제인 양 우리의 삶을 장악하고 지배하고 통제하는 많은 것들이 있다. 그럼에도 불구하고 하나님만이 최선이라고 고백할 용기가 없다. 그렇게 공개적으로 선언할 힘이 우리에게는 잘 보이지 않는다. 여호수아의 전쟁 이야기를 그저 하나의 성경 이야기, 여호수아의 이야기,

먼 옛날의 이야기로 소비할 뿐이다.

전쟁을 치르는 것처럼 치열하고 처절하기조차 한 우리의 일상에서 여호수아의 하나님을 만날 수는 없을까? 이 이야기에서, 기적은 거대한 것이 아님을 보았다. 여호수아가 모든 환경을 가장 적절하게 활용하는 기적을 누리고 있음을 살펴보았다. 우리도 주어진 상황을 제대로 활용할 수 있는 눈을 열어 주실 것을 기대하자. 눈이 열리면 기적이 우리 일상에서 일어나고 있음을 깨달을 수 있다.

# 28

# 좌로나 우로나 치우치지 말고

"그런즉 너희 하나님 여호와께서 너희에게 명령하신 대로
너희는 삼가 행하여 좌로나 우로나 치우치지 말고"

신 5:32

우리 앞에 놓인 성경을 알고자 하는 시간 여행은 쉽지 않다.
번거롭다. 그래도 그렇게 하는 것은, 기록된 말씀을 통해 내게
들려지는 하나님의 말씀이 있기 때문이다. 나를 교훈하고 책망
하고 평가하고 판단하고 돌아볼 수 있기 때문이다. 내 안에 자
리 잡은 틀이 깨지는 아픈 감사와 아름다운 눈물을 알기 때문
이다. 그래서 시간 여행을 이어간다.

행선지는 오늘날 요르단의 중부 지역 마다바에 자리한 모압
산지다. 성경은 "요단 저쪽 숩 맞은편의 아라바 광야 곧 바란과
도벨과 라반과 하세롯과 디사합 사이"(신 1:1)라고 소개한다.

때는 출애굽 한 지 "마흔째 해 열한째 달 그 달 첫째 날"(신

파라오와 산파들, 1896~1902, James Tissot, 유대 박물관

1:3)이다. 아마도 3,300년 전의 한겨울이었을 것이다. 오늘날 이

지역은 한겨울이면 칼바람이 강하게 불곤 한다. 요단강 서편에

서 불어오는 바람을 그대로 맞아야 하는 고원 평지이기 때문이

다. 눈도 많이 내린다. 그야말로 살을 에는 추위가 기승을 부리는 계절을 오늘 시간 여행의 무대로 떠올려 본다.

등장인물은 모세와 이스라엘 백성이다. 모세 외에 다른 등장인물의 반응이 두드러지지 않는다. 모든 백성이 모세의 이야기를 듣는 장면보다는, 각 가족의 족장들이 함께 모인 간담회 자리로 떠올려 보고 싶다. 모세는 족장들과의 간담회에서 지난 40년을 돌아보며 당부하는 말을 하고 있다.

이 족장들은 광야에서 태어난 새로운 세대였다. 출애굽 사건을 이야기로만 전해 들은 세대이다. 120세인 모세와 많아야 40세인(물론 여호수아와 갈렙은 예외이지만) 이들의 만남의 자리였다고 생각하면, 서로 간에 어떤 긴장감과 비장함이 있지 않았나 싶다. 세대 차이, 경험 차이, 연륜 차이에서 비롯되는 간격이 있기 때문이다. 이 장면에서 직접 활용되는 소품은 없다. 배경으로 염소 털을 꼬아서 만든 검은색 유목민 천막 수십 수백 채, 단출하기 그지없는 살림살이 정도가 있었을 것이다.

이 시간 여행은 이동 거리가 그리 많지 않다. 앞서 말한 간담회 자리였다면 말이다. 모세의 장막이든 아니면 출애굽 공동체의 중대사를 나누는 모임 장소로서의 장막이든 그곳이 무대이다. 모세의 이야기를 귀로 들으면서 몸이 반응하기보다 머릿속으로 정리할 것이 많다. 출애굽 광야 신세대, 광야에서 태어나 자란 세대가 무엇을 느꼈을까 떠올려 보면 좋겠다. 모세의 회고담 가운데 많은 부분이 이들의 지난날 삶의 이야기였기에, 추억에 잠기는 순간도 적지 않았을 것이다.

모세는 말한다. "좌로나 우로나 치우치지 말라." 광야 세대의 지도자인 이들에게 좌로나 우로나 치우치지 않는 삶은 어떤 의미였을까? 그것은 이도 저도 아닌 삶, 중도적인 입장을 지키며 살아가는 것일까? 아니면 기계적인 중립을 지키는 것일까? 이 말씀의 행간은 어떻게 읽으면 좋을까?

히브리어 성경에서 이 표현은 아홉 번(신 2:27, 5:32, 17:11, 20, 28:14, 수 1:7, 23:6, 삼하 14:19, 잠 4:27) 나온다. 용례는 크게 네 가지 경우로 이해할 수 있다. 이 주제를 다루면서, 명령하는 말투보다는 모세의 간절함을 더 느끼고자 풀어 쓴 새번역 성경을 인용한다.

먼저 '좌로나 우로나'는 실제로 지리적 방향을 가리킨다. 이 장면을 떠올릴 수 있다.

"임금님의 땅을 지나가게 하여 주십시오. 오른쪽으로나 왼쪽으로 벗어나지 아니하고, 길로만 따라 가겠습니다."(신 2:27, 새번역)

이 왕의 대로는 에돔 산지, 모압 산지 그리고 길르앗 산지로 이어지는 남북을 연결하는 중심 도로였다. 오른쪽은 아라바 광야가 보이는 고도 차이 1,500미터 안팎의 가파른 산비탈이었고, 왼쪽은 거친 들판이 드넓게 이어진다. 그야말로 오른쪽이나 왼쪽으로 치우쳐 갈 수 없는 그런 환경이다. 그래서 이 말씀은 기계적인 중립이나 중도를 지향하는 삶을 살라는 말씀이 아니다.

두 번째는, 지금 모세가 이야기하는 것처럼 지켜야 할 삶의 법도에서 벗어나지 않는 것을 말한다.

"그러므로 당신들은 주 당신들의 하나님이 당신들에게 명하신 모든 것을 성심껏 지켜야 하며, 오른쪽으로나 왼쪽으로나 벗어나지 말아야 합니다."(신 5:32, 새번역)

"마음이 교만해져서 자기 겨레를 업신여기는 일도 없고, 그 계명을 떠나서 좌로나 우로나 치우치지도 않으면, 그와 그의 자손이 오래도록 이스라엘의 왕위에 앉게 될 것입니다."(신 17:20, 새번역)

"오직 너는 크게 용기를 내어, 나의 종 모세가 너에게 지시한 모든 율법을 다 지키고, 오른쪽으로나 왼쪽으로 치우치지 않도록 하여라. 그러면 네가 어디를 가든지 성공할 것이다."(수 1:7, 새번역)

"그러므로 모세의 율법책에 기록된 모든 것을 아주 담대하게 지키고 행하십시오. 그것을 벗어나 좌로나 우로나 치우치지 마십시오."(수 23:6, 새번역)

"좌로든 우로든 빗나가지 말고, 악에서 네 발길을 끊어 버려라."(잠 4:27, 새번역)

세 번째는, 공정한 법해석을 요구하는 경우이다.

"그들이 당신들에게 내리는 지시와 판결은 그대로 받아들여서 지켜야 합니다. 그들이 당신들에게 내려 준 판결을 어겨서, 좌로나 우로나 벗어나면 안 됩니다."(신 17:11, 새번역)
"왕이 물었다. '너에게 이 모든 일을 시킨 사람은 바로 요압이렷다?' 여인이 대답하였다. '높으신 임금님, 임금님께서 확실히 살아 계심을 두고 맹세하지만, 높으신 임금님께서 무슨 말씀을 하시면, 오른쪽으로든 왼쪽으로든, 피할 길이 없습니다. 저에게 이런 일을 시킨 사람은 임금님의 신하 요압입니다. 그가 이 모든 말을 이 종의 입에 담아 주었습니다.'"(삼하 14:19, 새번역)

끝으로 신앙의 지조를 지키는 것을 뜻하기도 한다.

"당신들은, 좌로든지 우로든지, 내가 오늘 당신들에게 명하는 이 모든 말씀을 벗어나지 말고, 다른 신들을 따라가서 섬기지 마십시오."(신 28:14, 새번역)

특히 모세의 이 요청이 뜻하는 바는 아래의 레위기 본문에서 더 정확하게 짚어 낼 수 있다.

"너희는 너희가 살던 이집트 땅의 풍속도 따르지 말고, 이제 내가 이끌고 갈 땅, 가나안의 풍속도 따르지 말아라. 너희는 그들의 규례를 따라 살지 말아라. 그리고 너희는 내가 명한 법도를 따르고, 내가 세운 규례를 따라 살아라. 내가 주 너희의 하나님이다."(레 18:3~4, 새번역)

이처럼 말은 맥락을 따라 읽어야 한다. 같은 말도 때와 장소, 상대에 따라 얼마든지 다른 뜻, 새로운 의미로 다가오기 때문이다. 신명기와 레위기는 이집트를 떠나온 출애굽 공동체가 머물던 광야에서 주어진 것이다. 특히 신명기는 지리와 종교, 정치, 경제적으로 두 문명의 각축장이었다. 바로 이집트와 메소포타미아 문명이다. 분열 왕국 시대를 포함하여 이스라엘을 역사적으로 살펴보면, 친이집트파와 친메소포타미아(앗시리아/바벨론/바사 등)파가 존재했다. 특히 바벨론 포로 생활을 경험한 이후에도, 이 두 파가 힘겨루기를 하고 있었다.

출애굽 시대 모압 들녘의 이스라엘 백성들 역시 좌(서쪽)로는 이집트, 우(동쪽)로는 메소포타미아 문명이 떠오르는 상황이었을 것이다. 그래서 이 본문은 이집트적으로 살지도 않고, 메소포타미아적으로 살지도 않고(정착한 후, 좁게는 가나안의 바알 체제를 따라 살지도 않고), 하나님 여호와의 법도를 따라 살아가는 삶을 제시하는 것으로 보는 것이 자연스러울 것 같다.

그렇다면 각자의 자리에서, 좌로나 우로나 치우치지 않는 삶은 어떻게 사는 것일까? 때때로 극단으로 치우친 현실 세계를 향한 비판의 날카로움을 제거하는 데 '좌우로 치우치지 말라'는 말씀을 활용하는 이들이 보인다. 마치 로마서 13장(1~7절)이 본뜻과 무관하게 오용되는 것처럼 말이다. 어떤 이들은 이 말씀을 들어 권력에 무조건 복종해야 한다고 강조하는데, 실제로는 그런 의미가 아니다. 나는 분별력을 갖고 "조세를 받을 자에게 조세를 바치고 관세를 받을 자에게 관세를 바치고 두려워할 자를 두려워하며 존경할 자를 존경"(롬 13:7)하고 싶다.

오늘 이 시대 우리는 합리적 의심도 불순하게 생각하고, 건강한 비판도 파괴적인 것으로 몰아가는 흐름 속에 살고 있다. 이런 때에 우리는, 이 말씀을 어떻게 읽어야 하는 것일까? 일상 속에서 구체적으로 어떻게 지키며 살아가야 하는 것일까? 우리 각자의 '좌우'가 무엇이든 한 가지 분명한 것은 기계적 중립을 지키거나 특정 정치 세력을 택하는 것은 이 말씀과 아무 관련이 없다.

# 29
## 졸지도 않고 주무시지도 않고

"여호와께서 너를 실족하지 아니하게 하시며 너를 지키시는 이가
졸지 아니하시리로다 이스라엘을 지키시는 이는
졸지도 아니하시고 주무시지도 아니하시리로다"

시 121:3~4

많은 이들이 시를 좋아한다. 시 만큼 공감되는 문학 장르
가 없다. 그런데 시 만큼 시인의 의도를 오해하기 쉬운 것도 없
다. 성경에 나오는 시도 마찬가지이다. 시인의 자리에서 시인
의 시선과 '감'을 잡기 위해서는 다른 본문들보다 수고가 더 필
요하다.

이 시에서 시인은 스스로를 '나'(1~2절)로, 이스라엘을 '너'
(3~8절)로 지칭하는 것처럼 보인다. 시인이 눈을 들어 본다는
'산'은 어디일까? 아브라함의 추억이 담긴 그 모리아산인가? 아
니면 시온산인가? '성전에 오르면서 지은 시'라는 부제를 생각
하면 성전이 자리한 곳, 즉 예루살렘을 뜻하는 것 같다.

그러나 이 산은 또 다른 의미로 다가온다. 시인이 살던 그 옛 시대에는 레바논에서 이집트 일부 지역에 이르기까지 북방 산의 신, 바알의 존재감이 적지 않았다. 풍요와 번성을 안겨다 주는 바알, 그로부터 자유로운 이들이 많지 않았던 것 같다. 곳 곳에 산당이 세워지고, 그 이름이 왕들의 이름으로 일컬어지기 도 했다. 따라서 바알이 아니라 여호와를 신뢰한다는 고백은 그 시대의 주류, 관행, 의식, 그 세대를 거부하는 선언이기도 했 다. 바알이 아닌 여호와!

예루살렘 성전을 바라보며 올라가는 시인의 발길을 따라가 본다. 성전 보좌에 앉으신 이의 오른쪽에 자리한 광야를 떠올 리는 시인의 눈길을 좇아가 본다. 그곳은 낮의 뜨거운 햇살과 밤의 달로 표현되는 추위가 가득한 땅이다. 그곳은 광야, 특히 사람이 살 수 없는 땅으로 규정된 남방(네게브) 광야 지역이다. 악한 자의 위협, 맹수의 위협, 강도의 위협, 추위와 더위의 위협 이 가득한 땅이다. 시인은 이 모든 것으로부터 지켜 주시는 하 나님을 노래한다.

고대 근동의 신은 먹고, 자고, 조는 그야말로 인간의 속성을 모두 가진 존재로 그려진다. 다만 졸지도 자지도 않는 신적 개 념이 이집트에 있었다. 바로 호루스의 눈(Eye of Horus)이다.

이집트 사람들이 영생을 얻을 때까지 죽은 육신을 보호하는 방법은 미라로 시신을 보존하는 것이었다. 이 미라를 넣은 관

호루스의 눈, 이집트 박물관

에 호루스의 눈을 새겼다. 자지도 졸지도 않으며 언제나 뜬 눈으로 그 죽은 자를 지키고 보호하는 존재였다. 그러나 그 호루스의 눈이 뜬 눈으로 미라를 지켰어도 미라는 도난당하거나 훼손되는 일이 비일비재했다.

낮의 해와 밤의 달도 다르게 다가온다(시 121:6). 이스라엘을 둘러싼 고대 근동은 달신을 숭배하는 메소포타미아 문명과 태양신을 으뜸 신으로 하는 이집트 사이에 자리했다. 앞에서 살펴본 것처럼 이스라엘, 요르단, 아라비아 반도 등은 두 문명과 제국이 각축을 벌이는 현장이었다. 언제나 그 양쪽 제국으로부터 많은 위협을 받아야 했다. 그런데 시인은 그들의 위협이 이스라엘을 해치지 않을 것이라고 노래한다.

"여호와는, 너(이스라엘)를 지키시는 이시라."

광야에서 고통과 환난을 겪은, 그 아픔을 공감하는 시인. 그런 역사를 살아온 이스라엘을 떠올리며 시인은 이렇게 노래하고 있는 것이다. 시인이 피부로 느끼는 그 공감이, 이 시를 읽는 우리에게는 추상적이고 관념적으로 다가오는 것이 많이 아쉽다. 이집트도 메소포타미아도 아닌 여호와 하나님이 지키시는 이스라엘!

우리는 인생의 도움을 어디에서 구하고 있는가? 오늘의 바알을 부인하고 여호와를 믿고 따른다는 것은 무엇일까? 한국교회는 어떻게 교회를 지킬 수 있을까? 대한민국을 지키는 것은 누구라고 고백할 수 있을까? 그 고백을 담아 다시 이 노래를 불러 본다.


하나님은 너를 지키시는 자
너의 우편에 그늘 되시니
낮의 해와 밤의 달도
너를 해치 못하리.

# 30
# 태양신의 땅부터 달신의 땅까지

"해 뜨는 곳에서든지 지는 곳에서든지 나 밖에 다른 이가
없는 줄을 알게 하리라 나는 여호와라 다른 이가 없느니라"

사 45:6

성경 속 무대를 살아가던 고대인들에게는 지구가 평평했고,
땅은 신과 닿아 있었다. ○○은 아무개 신의 땅이고, ○○을 떠올
리면 자연스럽게 아무개 신이 떠오르던 시대였다. 땅의 경계를
표시하던 지계석, 경계석에도 신의 형상과 이름이 담겨 있었다.

고대 이집트 멘카우레(Menkaure, BC 2490~2472) 왕의 무덤에
서 발견된 석상이 있다. 그가 통치하는 지역을 표시하는 석상
이다. 그곳에는 멘카우레 왕과 그가 으뜸 신으로 숭배하던 하
토르(Hathor) 여신, 그리고 그가 다스리던 지역(도시 국가)의 지역
신 이름과 형상이 새겨져 있다.

'해가 지지 않는 나라', '동방의 고요한 아침의 나라'처럼 사람

들은 천체와 시간을 상징하는 그림 언어들을 사용하곤 한다. 사람들 가슴에 해 뜸과 해 짐이 주는 어떤 느낌이 있기 때문일 것이다. 그래서 태양을 국기에 집어넣은 나라도 있고, 그 해가 활활 타오르는 이미지를 그려 놓은 깃발도 있다. 그 깃발을 바라보던 식민지 백성들은 무엇을 느꼈을까? 해가 지지 않는 나라 영국의 지배를 받던 식민지 백성들은 어떤 감정을 가졌을까?

지구가 평평하다고 이해하던 그 시절 고대인들에게, 서쪽 끝은 죽음의 자리였다. 해 지는 쪽 대해(서해), 지중해 끝자락은

왕의 통치 지역을 표현하는 멘카우레 석비, 이집트 박물관

창조, 1896~1902, James Tissot, 유대 박물관

바다 끝이 있었다. 죽음이 가득한 곳이었다. 그 시대에 세계의
끝은 분명했다. 그들의 땅 끝은 지중해 바다 끝일 뿐이었다. 구

체적으로는 본문에서 말하는 해 뜨는 곳은 큰 강 유프라테스,
티그리스강이 마주한 곳이었다. 또 해 지는 곳에는 이집트의
하수 곧 나일강이 닿아 있었다. 좁은 의미의 현재 중동이다.

그런데 또 다른 느낌이 이 표현 속에 담겨 있지는 않았을까?
해 뜨는 곳이나 해 지는 곳을 동쪽과 서쪽이라는 뜻으로만 볼
것이 아니다. 해 뜨는 동편에 자리한 메소포타미아 문명과 해
지는 서편에 자리한 이집트 나일강 문명을 가리키는 그림 언어
가 있지는 않았을까?

"전능하신 이 여호와 하나님께서 말씀하사 해 돋는 데서부터
지는 데까지 세상을 부르셨도다"(시 50:1)
"해 돋는 데에서부터 해 지는 데에까지 여호와의 이름이 찬양
을 받으시리로다"(시 113:3)

이렇게 노래한 시인의 시들이 먼저 떠오른다. 또한 예언자
들의 고백과 선포도 있다.

"만군의 여호와가 이같이 말하노라 보라, 내가 내 백성을 해가
뜨는 땅과 해가 지는 땅에서부터 구원하여 내고"(슥 8:7)
"만군의 여호와가 이르노라 해 뜨는 곳에서부터 해 지는 곳까
지의 이방 민족 중에서 내 이름이 크게 될 것이라 각처에서 내

이름을 위하여 분향하며 깨끗한 제물을 드리리니 이는 내 이

름이 이방 민족 중에서 크게 될 것임이니라"(말 1:11)

달신의 땅 메소포타미아를 '해가 뜨는 곳'으로, 태양신의 땅 이집트는 해가 이미 저문 땅으로 비하하는 느낌이다. 아브라함 의 기원이 동방, 해 뜨는 곳, 두 큰 강 유역에서 비롯된다는 성 경의 서술은 새 출발, 새로움을 담아 주고 있었다. 이집트의 파 라오가 태양 왕이었지만, 그를 떠오르는 태양이 아닌 지는 태 양, 한물간 태양 같은 존재로 비유한다. 시에 담긴 발상의 전환 과 해학, 풍자를 느낀다.

# 31
# 예수가 십자가에 달렸을 때

"때가 제육시쯤 되어 해가 빛을 잃고
온 땅에 어둠이 임하여 제구시까지 계속하며"

녹 23:44

여러분과 같이 갈 시간 여행지는, 이제와는 다른 고통스러
운 현장이다. 2,000년 전 예루살렘 성 밖 골고다 공개 처형장이
다. 억압된 체제에서 벌인 공개 처형은 주민에 대한 경고의 매
시지도 담고 있었다. 물론 공공의 적이 공개적으로 처벌되는
것을 보면서 정의를 맛볼 수도 있었겠지만, 이런 경우보다 공
포를 안겨 주려는 통치의 한 방식이었다. 조선 시대에도 한양
(성) 안팎에 공개 처형장이 있었다. 예수 시대 예루살렘 성 밖의
골고다 처형장은 국사범을 공개 처형하는 곳이었다.

예수가 십자가에서 고난을 당하던 날 해는 빛을 잃었다. 멀쩡
했던 하늘이 대낮(정오)부터 어둠에 덮였다. 그것이 오후 3시까지

십자가에 홀로 달려 있는 예수,
1886~1894, James Tissot,
브룩클린 박물관

이어졌다. 예수에게 죽음을 안겨 준 그날 그 시각, 로마 제국의 수호신이자 하늘의 신 유피테르(Jupiter/Zeus)가 빛을 잃은 것이다.

예수의 부활 사건은 일요일 새벽에 이루어진다. 일요일은 태양신 솔의 날(dies Solis)이었다. 태양이 날갯짓을 시작하는 그 시각이다. 예수의 십자가 고난과 죽음으로 해가 빛을 잃고, 예수의 부활로 먼동이 트고 해가 떠오른다.

무엇보다도 예수는 음부의 신 하데스(Hades)의 결박을 깨뜨리고, 부활하신 것이다. "이에 성소 휘장이 위로부터 아래까지 찢어져 둘이 되고 땅이 진동하며 바위가 터지고"(마 27:51)라는 구절이 그 장면을 떠올리게 하는 듯하다.

그리스 로마 문명권에 살던 이들은 해 달 별이라는 단어를 접하는 순간 천체로서의 해 달 별 이전에 먼저 그들의 신을 떠올렸을 것이다. 또한 화성, 수성, 목성, 금성, 토성조차도 전쟁신 마스(Mars), 전령의 신이며 상인과 여행자의 신 머큐리(Mercury), 신들의 왕 유피테르, 미와 사랑의 여신 비너스(Venus), 농업의 신 새턴(Saturn) 같은 신을 먼저 떠올렸을 것이다.

그들은 요일조차도 각 신의 날로 기억하지 않았던가? 그것은 "그 때에 그 환난 후 해가 어두워지며 달이 빛을 내지 아니하며"(막 13:24)라는 이야기를 접할 때도 크게 다르지 않았을 것이다. 곧 부활의 예수가 그 모든 신들 위에 있다는 진리를, 유피테르조차 아무 소용이 없다는 사실을 그들은 들었던 것이다.

# 32
# 능력과 큰 영광으로

"그 때에 인자의 징조가 하늘에서 보이겠고
그 때에 땅의 모든 족속들이 통곡하며
그들이 인자가 구름을 타고 능력과 큰 영광으로 오는 것을 보리라"
마 24:30

마태복음 24장 29~35절의 장소적 배경은 예수 시대 예루살
렘 성전 지역이다. 여기서 '성전 지역'이라고 적은 것은, 성전에
여러 다양한 공간이 어우러져 있었기 때문이다. 성전 안, 성전
밖, 감람산 등이다. 아무래도 일행은 성전 동쪽 문을 통해 감람
산으로 이동했을 것이다.

본문 속 등장인물은 예수, 제자들(모처럼 대사가 나온다) 등이
다. 예수는 예화를 통해 다양한 공간과 상황 속으로 그의 청중
들을 이끌고 있다. 하늘의 징조와 무화과나무의 변화 현장으로
이끌기도 한다.

"그 날 환난 후에 즉시 해가 어두워지며 달이 빛을 내지 아니
하며 별들이 하늘에서 떨어지며 하늘의 권능들이 흔들리리
라"(마 24:29)

이 이야기를 듣던 이들이나 전해 들은 이들, 즉 그리스 로마
신화에 익숙했던 대부분의 청중은 그들 신화의 어떤 장면을 어
렵지 않게 떠올렸을 것이다. 그들에게 신은 추상적인 개념이
아닌 구체적이고 실체가 있는 것으로 받아들여졌기 때문이다.
　로마의 신들 가운데는, 해와 달과 별(하늘)의 신들이 있었다.
솔(Sol), 루나(Luna), 아우로라(Aurora) 신이 그들이다. 물론 다양
한 별자리를 상징으로 하는 많은 별신도 있었다. 그런데 그 수
많은 하늘의 신, 여신들의 권능이 흔들린다니. 게다가 바다의
신, 땅의 신, 풍랑의 신조차 흔들린다. 신들이 혼란에 빠진다.
로마 제국도 걷잡을 수 없는 혼란에 빠진다. 근간이 완전히 무
너진다.

"그 때에 인자의 징조가 하늘에서 보이겠고 그 때에 땅의 모든
족속들이 통곡하며 그들이 인자가 구름을 타고 능력과 큰 영
광으로 오는 것을 보리라"(마 24:30)

여기서 '인자가 구름을 타고' 오는 장면은, 신화 속 유피테르

올림포스의 열두 신, 아테네 박물관

가 네 마리 말이 끄는 하늘 전차를 타고 번개를 손에 잡고 지상
으로 내려오는 장면을 생각나게 한다.

> "그가 큰 나팔소리와 함께 천사들을 보내리니 그들이 그의 택
> 하신 자들을 하늘 이 끝에서 저 끝까지 사방에서 모으리라"(마
> 24:31)

마치 선발된, 그리고 특별한 작전을 위해 로마 정예군을 모
으는 장면처럼 다가온다. 여기서 성을 함락시키기 위해 진군
명령을 내리는 로마 황제의 군대, 지휘관을 떠올리는 것은 이
상한 일일까?

무엇보다도 우리말 성경에 '사방'으로 단순 번역한 '텟사론 아네몬(τεσσάρων ἀνέμων, the four winds)'이 인상적이다. 이것은 그리스 로마 신화에서 아네모이(Anemoi)로 부르던 신적 존재들을 떠올리게 한다. 겨울과 관련된 북풍신 보레아스(Boreas), 봄과 관련된 서풍신 제피로스(Zephryos), 여름과 관련된 남풍신 노토스(Notos), 그리고 동풍신 에우로스(Euros) 등이다.

"난리와 난리 소문을 듣겠으나 너희는 삼가 두려워하지 말라 이런 일이 있어야 하되 아직 끝은 아니니라 민족이 민족을, 나라가 나라를 대적하여 일어나겠고 곳곳에 기근과 지진이 있으리니 이 모든 것은 재난의 시작이니라"(마 24:6~8)

난리와 난리 소문을 들을 것이라 한다. 무슨 난리의 연속인가? 민족이 민족을, 나라가 나라를 대적하여 일어나는 것은 엄청난 내란, 분란, 갈등이 벌어지는 것을 보여 주는 것이 아닌가? 다양한 민족으로 구성된 체제, 다양한 나라들의 굴복으로 이뤄진 정치 체제가 로마 제국이 아니었던가? 이것을 세계대전을 가리키는 것 이전에 로마 제국이라는 세계의 붕괴에 대한 경고, 예언의 말씀으로 보는 것은 어떨까?

또한 기근과 지진은 자연 재앙을 말하는 것인가? 혹시 로마 신화의 근본 체제와 질서가 무너지는 것으로 볼 여지는 없는 것일까? 로마 수호신들의 기능이 마비되는 것을 보여 주는 그림 언어로 볼 여지는 없는 것일까?

"셋째 천사가 나팔을 부니 횃불 같이 타는 큰 별이 하늘에서
떨어져 강들의 삼분의 일과 여러 물샘에 떨어지니"(계 8:10)

본문과 유사한 요한계시록의 묘사를 보면서, 2,000년 전 그리스 로마 신화 속 신들의 이야기를 연상하는 이들도 있었을 것이다. 다른 복음서와 비교하면서 살펴보는 것도 좋겠지만, 마태를 통해서 처음 이 소식을 들었던 이들이 느꼈을 그 느낌이나 깨달음에 주목하려면, 마태복음 안에서만 떠올려 보는 것도 좋을 것 같다.

난리와 난리 소문, 민족이 민족을 나라가 나라를 대적해 일어났다는 소문, 곳곳에 큰 기근과 지진이 있다는 소문은 서로 어우러지는 것이 아닐까? 그 모든 것이 로마 제국을 지탱해 주는 안전성이 무너진다는 것으로 볼 여지는 없을까?

마지막 날에 대한 복음서의 표현은 인자 되신 예수께서 하늘의 세계, 로마 신들의 세계를 완전히 평정하는 판타지를 그리고 있다. "하늘의 별들과 별 무리가 그 빛을 내지 아니하며 해가 돋아도 어두우며 달이 그 빛을 비추지 아니할 것이로다"(사 13:10)라는 구절이나 "다시는 낮에 해가 네 빛이 되지 아니하며 달도 네게 빛을 비추지 않을 것이요 오직 여호와가 네게 영원한 빛이 되며 네 하나님이 네 영광이 되리니"(사 60:19)라는 말씀처럼, 하나님은 해와 달과 별로 표현되는 고대 근동의 주요 신을 다스리신다. 또한 예수는 그리스 로마의 하늘 신들, 땅 신들, 땅 아래 신들, 바다 신들 위에 존재한다. 성경은 바로 그 진리를 선포하고 있다.

〈참고 자료〉　Van Iersel, B. (1996). The Sun, Moon, and Stars of Mark 13, 24-25 in a Greco-Roman Reading. Biblica, 77(1), 84-92.

고대 근동의 신화와 신화적 세계관을 이해하는 데 도움이 되는 글이 있다. 성경 속 그들이 살던 시대와 생각, 일상을 이해하는 데 도움을 얻을 수 있다.

- Gunkel, Hermann. 궁켈, 헤르만. (2020). 창세기 설화, [Die Sagen der Genesis]. (진규선, 역). 감은사 (원서 1901 출판)
- McCurley, Foster R. 맥컬리, 포스터 R. 고대근동의 신화와 성경의 믿음 성경이 수용한 고대 근동 신화, [Ancient Myths and Biblical Faith: Scriptural Transformations]. (주원준, 역). 감은사. (원서 1981 출판)
- McCurley, Foster R. 맥컬리, 포스터 R. (2022). 고대근동의 신화와 성경의 믿음 성경이 수용한 고대근동 신화. (주원준, 역). 감은사. (원서 1981 출판)
- Price, Campbell. 프라이스, 캠벨. (2020). 품위 있고 매혹적인 고대 이집트 전 세계의 박물관 소장품에서 선정한 유물로 읽는 문명 이야기, [ Pocket Museum: Ancient Egypt ]. (김지선, 역). 성안북스. (원서 2018 출판)
- Ryan, Donald P. 라이언, 도널드 P. (2019). 이집트에서 24시간 살아보기 3000년 전 사람들의 일상으로 보는 진짜 이집트 문명 이야기, [24 Hours in Ancient Egypt: A Day in the Life of the People Who Lived There]. (이정민, 역). 매일경제신문사. (원서 2022 출판)
- 近藤二郎, 곤도 지로. (2022). 고대 이집트 해부도감, [古代エジプト解剖圖鑑]. (김소영, 역). 더숲. (원서 2020 출판)
- 김동문. (2018). 중근동의 눈으로 읽는 성경 (구약편) 낮은 자의 하나님을 만나는. 선율
- 김산해. (2020). 최초의 신화 길가메쉬 서사시. 휴머니스트
- 유성환. "멤피스 창세신화 - 발화를 통한 창조행위의 비교종교학적 의미" 종교와 문화 no.31(2016). 163-230.
- 주원준. (2018). 구약성경과 신들. 한님성서연구소
- 주원준. (2021). 구약성경과 작은 신들 그리스도교 신앙의 뿌리에서 발견한 고대근동 신화와 언어의 흔적들. 성서와함께
- 주원준. (2022). 인류 최초의 문명과 이스라엘 고대근동 3천 년. 서울대학교출판문화원
- 트라사르, 프랑수아. (2005). 파라오시대 이집트인의 일상. (강주헌, 역). 북폴리오

아부심벨 성소 앞
석상, 1846,
David Roberts

베들레헴 산지 너머로 차오는 햇살

1. 룩소의 메디나트 하부 신전
2. 별의 여신 이시스의 보호를
   그리고 있는 미라, 이집트 박물관

놀라서 뒤로 물러서는 경비병들, 1886~1894, James Tissot, 브룩클린 박물관

# 무엇이든 드러내는 빛

빛은 옳고 어둠은 그르다는 고정 관념을 넘어선다. 악한 자의 몸짓은 밤에도 불타오르며 어둔 일은 밝은 곳에서도 벌어진다. 맷돌 소리와 등불 빛이 끊어진 세상에서 무엇을 붙잡아야 하는지, 연자 맷돌을 생각하며 작은 자에게 어떻게 해야 하는지, 방향 표지판처럼 존재하는 것이 무엇인지 살피고자 한다. 등불을 켜서 앞을 비춰 주는 자로 살아가며 집 안 모든 사람에게 두루 빛을 비추는 인생을 그려 본다.

빛은 존재만으로, 빛남만으로, 그 의미가 있다.

# 33

# 악한 자의 몸짓

"유다가 군대와 대제사장들과 바리새인들에게서 얻은 아랫사람들을 데리고
등과 횃불과 무기를 가지고 그리로 오는지라"
요 18:3

요한은 예수의 이야기를 펼치면서 등불을 적극 사용하는 것
처럼 느껴진다. 마치 무대 위의 스포트라이트나 무대조명처럼,
주인공은 물론이고 무대 위의 인물 한 사람 한 사람을 비춰 주
는 것만 같다. 그 조명 불빛은 예수의 시선, 손길, 발걸음을 따
라 움직인다.

오늘 여러분과 함께 떠나는 시간 여행지는 예루살렘이다.
요한복음 18장 1~11절의 이야기는 예루살렘 성 밖 감람산 기
슭, 기드론 시내, 성안의 한 집(마가의 집?) 등에서 펼쳐진다. 때
는 유월절 명절 직전의 어느 봄날, 늦은 저녁부터 다음날 이른
새벽까지이다. 이야기의 등장인물은 예수, 베드로, 유다, 다른

제자들, 대제사장의 종, 예수 체포 명령을 받은 사람들이다. 등장하는 소품은 (야외용) 등잔, 횃불, 몽치, 칼 등이다.

이 이야기 가운데 등잔을 매개로 풀어 보는 본문은 18장 3절이다. 이 구절에서 눈길을 끄는 단어는 등(불)과 횃불이다. 사람들이 무기를 가지고, 즉 무장을 한 채로 예수 체포에 나선 것

유다의 배신의 입맞춤, 1886~1894, James Tissot, 브룩클린 박물관

은 자연스럽다. 그런데 횃불과 더불어 등불을 등장시키는 것이 독특하다. 바깥 활동을 할 때 횃불이면 충분했을 것이다. 그런데 왜 요한은 이들이 등불을 갖고 온 것으로 그리고 있을까?

어쩌면 같은 의미의 단어를 겹쳐 쓴 것으로 볼 수 있다. 그렇지만 따로따로 강조하기 위한 표현으로 보는 것도 가능하다. 예수 시대에 등잔은 주로 토기로 만들었다. 실내에서 사용했다. 바깥나들이에 사용하기에 적합하지 않았다. 야외에서도 사용할 수 있는 손잡이가 달린 등잔은 토기가 아니라 청동 같은 금속으로 만든 것이었다. 앞에서 등잔을 사용하는 것은 제법 여유가 있는 사람, 로마 문명의 향유자라는 이야기를 했었다. 그렇다면 이 실외용 등잔은 더더욱 귀한 것이었다. 권력자 계급의 상징으로 볼 수도 있다.

이 무리에게 등불과 횃불을 갖추고 무장하도록 한 것은 대제사장 세력과 바리새인들이었다. 그들이 성전 경비병과 로마군까지 동원한 것이다. 당연하게도 로마군 동원권은 피식민지 세력에게 있지 않았다. 그런데 그런 힘까지 행사했다. 또 성전 경비병은 성전 구역 밖에서 무장한 채로 군사작전을 진행할 권리가 없었다. 그런데 그렇게 한 것이다. 물론 로마가 임명한 유대 총독의 허락을 받은 조치였을 것이다.

여하튼 다시 등불로 시선을 옮겨 보자. 청동 등잔의 존재는 대제사장 세력의 막강한 부와 그들이 로마 문명을 철저히 향유

했다는 것을 보여 주는 그림 언어일 듯싶다. 그 등불을 켜서 어둠의 일을 벌이고 있다. 여기서 등불은 역설적으로 이들의 악행을 드러내는 도구로 사용된다. 무죄한 자를 죽음으로 몰고 가는 어둠의 일이 마치 대낮에 벌어지듯이, 한밤중에도 아주 노골적으로 벌어지고 있음을 고발하고 있다.

이렇듯 등불을 켠다는 것, 불을 밝힌다는 것이 언제나 희망과 소망, 좋음과 옳음을 그려 주는 것은 아니다. '악인의 등불', 즉 악인의 손에 등불이 있을 때 그렇다. 낮에도 밤에도 눈에 불을 켜고 악을 도모하는 그들의 불이 꺼지지 않는 그 고통스런 현실을 그리는 장면이 성경에 적지 않다.

사실상 예수를 죽음으로 몰고 가는 악한 자들의 소행이 벌어지는 시간은 밤이었다. 어둠이 짙은 밤이었다. 그러나 그 행위가 펼쳐지는 모든 곳은 밤을 밝히는 등불과 횃불이 타오르고 있었다. 예루살렘의 빌라도 관저, 대제사장 저택, 산헤드린 같은 일반인이 출입할 수 없던 곳에 불이 켜져 있다.

그곳에서 예수를 죽일 명분을 찾느라 불꽃 튀는 머리싸움이 이어지고 있었다. 그 시대를 살던 일반인은 쉽게 다가설 수 없던 곳, 알 수 없던 그 일을 요한은 스포트라이트를 쏘아 드러내고 있다. 마치 무대 위 배우들의 연기를 주목하여 보여 주듯이, 더욱 선명하게 그들의 사냥을 드러낸다. 그렇게 요한은 은밀하게 벌어진 일을 노골적으로 고발하고 있다.

지난날 악한 음모나 악행은 은밀하게 추진되는 경우가 많았다. 사람들 없는 곳에서, 사람들 모르게 진행되었다. 그러나 지금은 노골적으로 버젓이, 당당하게 악을 저지른다. 집단으로 개인으로 그렇게 하는 경우가 적지 않다. 더 이상 어두운 곳에서 펼쳐지는 어둠의 일이 아니다. 그야말로 악인들의 불꽃이 활활 타오르는 시대를 바라보며 욥의 고백을 떠올린다. 욥의 소망을 가슴에 품어 본다(욥 29:2~3).

이 같은 욥의 바람은 잠언에도 담겨 있다.

"의인의 빛은 환하게 빛나고 악인의 등불은 꺼지느니라"(잠 13:9)
"대저 행악자는 장래가 없겠고 악인의 등불은 꺼지리라"(잠 24:20)

자신은 없지만, '아멘'으로 고백한다.

예수를 체포하러가는
가룻 유다와 제사장 무리들,
1896, James Tissot

# 34

# 어둔 일은 밝은 곳에서도

"저녁 때에 다윗이 그의 침상에서 일어나 왕궁 옥상에서 거닐다가
그 곳에서 보니 한 여인이 목욕을 하는데 심히 아름다워 보이는지라"

삼하 11:2

여러분과 함께 떠날 시간 여행은 다윗 왕이 예루살렘을 중
심으로 그의 치세를 넓혀 가던 3,000년 전 어느 날이다. 찾아갈
장소는 예루살렘 기드론 골짜기 왼쪽 언덕이다.

본문은 우리가 익히 알고 있는 이야기이다. 다윗과 밧세바,
우리아, 선지자 나단이 등장하는 이 이야기는 아합과 그의 아
내 이세벨, 그녀의 음모로 죽임 당한 나봇, 선지자 엘리야의 이
야기와 겹쳐진다. 앞서 현장 답사의 필요성을 살짝 언급한 적
이 있다. 문헌만으로 성경을 풀이할 때와 현장에서 검증을 통
해 성경 이야기를 다룰 때의 차이가 작지 않기 때문이다. 지금
부터 그 예를 한 가지 살펴보고자 한다.

밧세바를 바라보는 다윗, 1896~1904, James Tissot

　사무엘하 11장은 다윗 왕 재위 기간 후반부의 어느 봄날이
다. '왕들의 출천할 때'라는 표현은 봄철을 뜻한다. 늦은 가을부
터 겨울은 이따금 폭설이 내리고 날도 추워 전쟁을 멈추었다.
이른바 악천후로 인해 전쟁을 할 수 없었던 것이다. 그렇게 봄
이 되고 요압을 총사령관으로 하는 암몬 원정대가 암몬 왕국의
랍바 성(오늘날 요르단 암만 구시가지의 성채 지역)에서 전투를 펼치
던 어느 날 저녁부터 여러 날 동안의 이야기가 짧게 담겨 있다.
　일명 '다윗과 밧세바 사건'은 저녁 때 시작된다. '저녁'은 해가
저무는 시각부터 그 직후의 시간까지를 주로 나타낸다. 그 풍경

을 떠올려 보자. 붉은 해가 다윗 성 건너편 예루살렘 산지 너머로 지고 있다. 성과 그 주변 산지가 붉은빛으로 가득 차오른다. 동쪽 감람산 위의 하늘이 분홍빛으로 반사된다. 석회암으로 지은 궁궐이 그 빛을 품고 붉은 듯 누런빛을 반짝이고 있다.

해가 지자 남색, 짙은 자줏빛이 어우러진 노을이 하루해가 저문 것을 느끼게 한다. 다윗 성에 몇 개의 횃불이 밝혀진다. 봄날 깊어 가는 저녁, 짙어 가는 어둠 가운데 더욱 빛을 내며 여기 왕궁이 있다고 스스로를 드러내는 듯하다. 왕궁 횃불 또는 등잔 불빛이 주변을 밝히는 가로등 같은 존재가 아니라 왕궁 자체를 뽐내 주는 것만 같다.

사실 이 이야기에는 '등불'이 직접 나오지 않는다. 그렇지만 저녁과 밤중에 왕궁이 불빛도 비추지 않고 어둠 속에 있지는 않았을 것이다. 불을 밝혔음은 당연하다. 그 시기의 횃불이나 등불 같은 조명 도구에 대한 이해를 바탕으로 이 이야기를 짚어 보는 것은 이상한 일이 아니다.

이 본문을 마주하는 순간, 우리는 익숙하고 정해진 어떤 결론을 자연스럽게 떠올릴 것이다. 나도 그랬다. 그런데 오래 전 예루살렘 구시가지, 그러니까 예루살렘 남동쪽 기드론 골짜기 주변을 오르내릴 때였다. 아마도 기울기가 50도는 될 것 같은 산비탈 위에 자리한 다윗 성(City of David)을 보며 평소와는 다른 생각이 들었다.

오늘날 다윗 성은 발굴 프로젝트가 한창이다. 오래전 이곳에 살았을 다윗과 밧세바에 대해 여러 가지 시선이 있다. 다윗왕의 죄악에 대해서는 이견이 없는 듯하다. 밧세바를 두고는 피해자로 보는 시선과 범죄 공모자로 보는 시선, 다윗 못지않은 주도적인 야망가로 보는 시선 등 그 입장이 다양하다. 이제

남쪽에서 바라본 예루살렘, 1842, David Roberts, 예루살렘 성 아래 언덕이 다윗성이 있던 자리이다.

함께 할 성경 속으로의 여행은, 현장 검증을 하려는 목적이 아니다. 앞서 다른 이야기에서도 다루었듯이 등불을 매개로 이야기를 들여다보는 것이다.

다윗 시절 왕궁에 밝혀 둔 조명은 어떤 것이었을까? 일반 등잔은 바람에 영향을 받아 꺼지기 쉬웠을 것이다. 진흙으로 빚어 만든 토기에 기름을 채우고 심지를 띄워 불을 붙이던 방식의 등불을 밝혔는지도 모르겠다. 형태가 무엇이든 왕을 위한 특별한 공간은 등잔 불빛이 빛나고 있었을 것이다. 또 등잔 기름으로 사용하는 올리브기름이 타면서 뿜어 나오는 향기도 은은하게 번졌을 것이다.

다윗 시절 예루살렘은 작은 도시였다. 당시의 예루살렘은 다윗 성을 중심으로 전체 둘레가 몇백 미터도 안 되던 곳이었다. 학자들은 이 다윗 시절의 예루살렘을 다윗 성으로 부른다. 이 성의 크기는 대략 25,000평 정도에 인구는 2,000명 정도로 추정한다.

궁은 오늘날의 기드론 골짜기 높은 언덕에 자리하고 있다. 주변 경관이 눈 아래 펼쳐진다. 밧세바와 우리아의 집은 다윗 궁 아래 기드론 골짜기의 일반 주거 지역에 자리 잡고 있었을 것이다.

다윗이 살던 궁궐을 제외하면 일반 가옥들은 작은 방 하나에 창 하나를 갖춘 단층 구조의 단칸방이 일반적이었다. 물론

고고학적 발굴 결과 이 주변 지역에서 네 개의 방과 뜰이 있는 가옥 구조물도 발견했다. 그러나 도시마다, 지역마다, 사회 계층에 따라 가옥 구조와 특성들이 달랐다. 네 개의 방을 갖춘 가옥 구조는 많은 공간을 차지했을 것이기에, 당시 예루살렘의 평균 가옥 구조로 적절하지 않다.

일반 가옥의 경우 창도 환기구로서의 기능이 강한 들창이 유일했다. 이 들창은 집 담벼락과 지붕 사이의 틈새 공간을 말하는 것이다. 다락방으로도 불리던 건물 옥상은 평평하여 곡식이나 빨래를 너는 공간으로 활용되었다. 더운 계절에는 그곳에 종려나무 잎으로 작은 방(다락방)을 만들 수도 있었다.

일반 가옥의 실내는 낮에도 볕이 잘 들지 않았다. 어두웠다. 들창을 통하여 햇살이 들어오는 낮 시간 일부를 제외하면, 직사광선이 들지 않았다. 유력한 집안에서나 사용했을 등잔은 심지가 하나인 진흙으로 만든 것이었다. 등잔을 밝히는 기름 중 최고의 것은 올리브기름이었다. 그 다음으로는 동물성 기름이나 질 낮은 식물성 기름을 사용했다. 대개는 집 안에 별다른 조명을 사용하지 않고 살았다.

이렇듯 다윗 궁의 위치와 일반 가옥 구조, 밤 풍경을 바탕으로 살펴볼 때, 다윗이 밧세바의 목욕 장면을 보았다는 것은 이상하다. 욕조에 몸을 담그는 목욕 문화가 없었고, 물을 축여서 몸을 씻는 것조차도 자주 하지 않던 문화였다. 날이 저문 저녁에, 가파른 경사지에 지어진 남향집에서 누군가가 몸을 씻는다한들 그것을 밖에서, 높은 곳에서 볼 수는 없는 일이다. 볼 수도 없고 보여서도 안 되는 장면이다. 게다가 사람이 식별되고 몸인지 얼굴인지 다 알아본다는 것은 가능하지 않다. 그런데 성경은 다윗이 그것을 봤다고 말한다. 그가 어떻게 본 것인지, 어찌하여 보게 된 것인지 알 수가 없다.

생각해 보면, 하루해가 저물어 가는 모습은 황혼기에 접어든 다윗을 그리는 듯하다. 저물어 가는 붉은빛 해는 그의 욕망을 떠올리게 한다. 해가 진 뒤 짙게 깔리는 자줏빛 하늘과 땅은 그의 뒤틀린 욕망을 복선으로 깔아 주는 것만 같다. 저녁 먹을 시간에 잠자리에서 일어나는 모습은 그의 잠재된 욕망이 꿈틀거리는 것으로 보인다. 그가 침상에서 나와서 왕궁 옥상을 거니는 것은 마치 사자가 먹잇감을 찾아 어슬렁거리는 모습으로 다가온다.

밝은 곳에서 어둔 곳이 잘 보일까, 아니면 어둔 곳에서 밝은 곳이 더 잘 보일까? 실제로는 후자가 더 잘 보인다. 성경은 다윗의 은밀한 행동을 스포트라이트로 비추면서 드러내는 듯하다. 밤에 한 일을 벌건 대낮에 한 것처럼 다 드러낸다.

마치 조명이 비춰지는 무대 위에 다윗 성 세트가 설치되어 있고, 다윗이 둥근 조명을 받으면서 연기를 하고, 관객이 그것을 바라보는 것만 같다. 그의 말과 행동과 표정이 관객에게 다

전달되는 것처럼, 이 짧은 본문에서 집중 조명이 다윗에게 쏟아진다. 그리고 맞은편 한쪽에 어둔 배경 속 둥근 조명 하나가 밧세바를 비춰 주는 듯하다. 저녁 어둠 속 밝은 곳에 자리한 다윗과 그보다 어두운 조명 속에 자리한 밧세바, 두 사람이 이른바 투샷을 받는 듯하다.

# 35

# 맷돌 소리와 등불이 끊어진 세상

"내가 그들 중에서 기뻐하는 소리와 즐거워하는 소리와
신랑의 소리와 신부의 소리와 맷돌 소리와 등불 빛이 끊어지게 하리니"
렘 25:10

이번 시간 여행 행선지는, 바벨론에 의해 망하기 직전인
2,600년 전 예루살렘 성이다. 본문에 나오는 결혼 잔치 소리,
맷돌 소리, 등불 빛은 모두 일상의 기쁨과 활동성을 보여 준다.
그 자세한 의미는 조금 뒤에 다시 살펴보자.

그 전에 먼저 물어보고 싶다. 여러분에게 이 맷돌 소리는 어
떤 의미로 다가오는가? 어떤 맷돌이 떠오르는가? 또 등잔불이
타는 냄새와 소리, 빛은 어떻게 다가오는가? 그리고 본문의 상
황은 어떻게 느껴지는가?

뜬금없지만, 오래전 암만 근교의 팔레스타인 난민촌을 방문
했던 기억이 난다. 난민촌에 살던 아주 가난한 두 사람의 결혼

맷돌 가는 두 여인, 1886~1894, James Tissot, 브룩클린 박물관

잔치 자리였다. 하객들도 많지 않았다. 잔치에 모인 이들을 위
한 음료조차 없었다. 아주 슬픈 광경이었다. 그럼에도 신랑과
신부를 마음껏 축하하기 위해 환호하는 가족과 이웃을 보았다.
기뻐하는 소리, 즐거워하는 소리, 신랑의 소리, 신부의 소리…
그 녹록지 않은 상황에서도 일상은 이어지고 있었다.

맷돌 소리, 이것은 무엇인가를 만들어 내는 아주 중요한 경제 활동을 그려 준다. 그렇다고 모든 가정에 맷돌이 있다거나 맷돌을 갈아 곡식을 빻거나 기름을 짜내거나 한 것은 아니다. 여유 있는 소수의 사람들이나 누릴 수 있는 것이었다.

등불도 마찬가지이다. 등잔은 귀하고 등불을 밝히는 것도 문명의 혜택을 누리는 것이었다. 이 또한 소수의 전유물이었다. 밤에 등불을 밝히는 것, 단지 일상의 이야기를 나누기 위해서 하지 않았다. 밤에도 등불을 밝히고 하는 활동은 무엇이었을까? 낮에 하면 될 일을 밤에 등불을 밝히고 하지는 않았을 것인데, 무엇일까?

부유한 가정의 잔치 자리를 떠올려 볼 수 있을 듯하다. 맷돌로 곡식을 빻거나 기름을 만드는 것도 낮에 하는 경제 활동이었지만, 결혼 잔치 음식을 만들기 위해서라면 밤에 할 수도 있을 듯하다. 이것을 이렇게 떠올려 보는 것은 어떨까? 결혼 잔치에 하객이 몰려 들고 기뻐하고 즐거워한다. 신랑도 신부도 너무 기뻐한다. 잔치 음식을 만드는 손길은 분주하다. 표정이 유쾌하다. 낮에도 밤에도 즐거운 소리, 맛있는 냄새가 그치지 않는다.

본문은 맷돌 소리가 이어지는 것, 등불 빛이 계속 타오르는 것, 낮에도 밤에도 일상이 이어지는 것을 강력한 그림 언어로 그리고 있다. 즉 성경 시대에 일상이 이어지는 것은 등불이 이어지는 것으로 그릴 수 있다. 매일 등불을 밝히는 것은 일상이 계속되는 것을 가장 강력하게 표현한 언어이다.

그러므로 예레미야의 이 예언은, 낮과 밤의 생존을 위한 활동이 멈추는 것을 보여 준다. 정교하게 다듬어 만든 맷돌이든 서민이 사용하던 투박한 맷돌이든, 그 맷돌 소리가 끊어지는 것은 일용할 떡을 만들기 위한 활동이 멈춰진 상황을 보여 준다. 맷돌 갈 일이 없어진다는 것은 먹고 살 것이 없어지는 것을 뜻하기 때문이다.

여러분은 망하기 직전의 개인이나 집단, 나라를 떠올려 본 적이 있는가? 안타깝지만, 지난 역사에서 "망할 만했어!", "그러니까 망했지!"라며 예로 들 수 있는 나라나 도시가 있을 것이다. 예루살렘으로의 시간 여행에서 그것이 무엇이었는지 느낄 수도 있겠다. 우리 눈앞에 그런 시간이 찾아와서 그야말로 어둡기만 하고, 낮에도 사람의 활기를 느끼지 못하고, 제대로 먹지 못해 지친 모습의 사람들이 가득하다면 어떤 느낌일까?

2003년 3월 하순, 이라크 전쟁이 벌어지기 전과 전쟁이 터진 뒤 여러 차례 이라크를 방문했다. 전쟁이 임박한 상황에도 결혼식은 있었고, 닥친 환난 앞에서도 웃음기 가득한 이들을 만났다. 91년 이후 10년 넘게 이어진 경제 제재로 물자도 음식도 풍성하지 않지만, 그들은 자족하는 듯했다. 전쟁 중에도 저녁나절이면 동네 공터에서 공을 차는 아이들과 주민들도 어렵지 않게 만났다. 그런데 만약 전쟁의 여파로 모든 일상성이 파괴되어 낮에 적막하고, 밤에 어둡기만 했다면 어땠을까? 나에게 그 도시는 어둠과 공포만 가득했을 것이다.

이스라엘 백성에게 이런 일이 일어날 것이라 전하는 예레미야의 고통을 떠올린다. 구약의 예언서나 예수의 예루살렘 멸망 예언에 대한 이야기를 읽을 때, 나는 마음이 편치 않다. 그 장면을 떠올리면 마음이 무겁기만 하다. 오롯이 그 재앙의 당사자가 되어야 했던 이들, 백성의 마음은 어떠했을까 헤아리고는 한다.

자기 삶의 결정권도 없이 그저 힘 있는 이들, 권력을 행사하는 이들의 오만과 그릇된 판단의 악한 결과를 오롯이 일상의 파괴로 경험해야 했던 중동 지역 주민들의 아픈 역사도 떠오른다. 한국의 근현대사도 크게 다르지 않았다. 이렇듯 피할 수 없는 절망이 있다. 이럴 때 힘껏 절망할 수 있는 용기를 하나님께 구해야 할 때도 있음을 생각한다.

# 36
# 차라리 연자 맷돌을 매달고 죽으라

"누구든지 나를 믿는 이 작은 자 중 하나를 실족하게 하면
차라리 연자 맷돌이 그 목에 달려서
깊은 바다에 빠뜨려지는 것이 나으니라"

마 18:6

여러분과 함께 떠나는 시간 여행, 오늘은 2,000년 전 갈릴리 호수 서쪽에 자리한 가버나움(마 17:24)이다. 이곳은 당시 인구가 1,200~1,700명 정도였다.

여러 번 방문한 곳도 어느 날 문득 새롭게 다가올 때가 있다. 익숙한 것에서 낯섬을 느끼는 것은 우리의 생각이 굳어지지 않도록 돕는 방부제 같다. 시간 여행을 떠나는 것, 그것은 반드시 그 현장에 가야만 하는 것이 아니다. 인터넷 서핑을 통해 사진은 물론 동영상도 찾아볼 수 있다. 드론으로 촬영한 영상도 적지 않다. 우리가 읽는 성경 이야기의 무대를 찾아가는 것, 번거롭지만 우리의 시야를 넓히는 데 큰 도움이 된다.

오늘 이야기에 등장하는 소품은 연자 맷돌이다. 성경 시대에 올리브나무 열매와 기름은 아주 요긴한 것이었다. 그것은 수십 년 전 우리의 참기름, 들기름 같은 것 이상이었다. 누구나 다 알고 있는 것이지만, 아무나 소비할 수 없는 것이었다. 따라서 올리브기름을 짜는 시설도 누구나 갖고 있는 것이 아니었다. 마치 수십 년 전 한국의 방앗간 같은 그런 존재였다. 그 옛날 올리브기름을 짜던 곳에 있던 것이 바로 이 연자 맷돌이다.

'바이러스'라는 단어를 접하면 어떤 느낌이 드는가? 머리가 분석하기 전에 온몸이 반응할 것이다. 예수의 비유에 등장하는 단어나 표현은 단지 머리를 자극하기보다 온몸이 반응하도록 한다. 그 표현이 단순하고 명확하면서도 공감이 담겨 있기 때문이다. 적잖은 이들, 성경을 읽지 않은 이들조차 익숙한 단어가 있다. 그것이 연자 맷돌이다. 그런데 실제로 이 단어를 접하는 성경 독자들에게는 어떤 그림이 그려지는가? 어떤 풍경이 다가오는가? 그것에 몸이 반응하고 있는가? 그렇지 않다면, 사실 이 단어의 뜻을 모르는 것이다.

이 말씀에 담긴 현장 풍경은 어땠을까? 예수 시대, 그 당시를 살던 이들에게 연자 맷돌이 안겨 주는 생생함은 어떤 것이었을까? 연자 맷돌의 크기와 무게는 그 구조나 형식에 따라 다양했다. 작은 것은 대략 30~40킬로그램, 큰 것은 약 300킬로그램, 그리고 아주 큰 것은 1~4톤에 이르렀다. 연자 맷돌은 주로 올리브기름을 짜던 것이었다. 이 묵직한 맷돌로 단단하기 그지 없는 올리브 열매를 빻아서 기름을 만들었다.

그런데 이토록 무거운 것을 목에 매다는 장면 자체가 묘하지 않는가? 그것을 누가 목에 걸어 주고, 어떻게 목에 매달 수 있을까? 이 이야기 속의 깊은 바다는 갈릴리 호수이다. 이 대화를 나누던 자리가 갈릴리 지역이었고, 그 시대를 살던 이들에게 갈릴리는 바다였기 때문이다.

만약 무거운 돌에 매인 채로 갈릴리 호수에 빠지면, 다시 살아날 방법이 없다. 다른 이들이 그 사람을 건져 낼 방법도 없다. 유대인들은 사람이 죽으면 당일 해 지기 전에 장례를 치러야 했다. 그렇게 못하는 경우는 죽은 자에게 불명예라고 생각했다. 장례를 치르지 못하면, 부활의 날을 맞이할 수도 없다고 믿었다.

여기에 예수님 말씀의 무거움이 있다. 아주 적나라하고 노골적이고 직설적이고 거침없는 저주 선포이다. 이 이야기를 듣던 '작은 자'는 어떤 기분이었을까? 반대로 이런 작은 자를 실족케 하던 사람은 어떤 감정을 느꼈을까? 예수에 대해 어떤 표정을 지었을까?

오늘을 사는 많은 이들이 실족하며 살아간다. 교회에서 사용하는 '나 오늘 설교 듣다가 실족했어'라는 식의 이야기가 아니다. 실족은 올바른 행동이나 생각을 방해하기 위해 덫에 빠

연자 맷돌을 돌리는 팔레스타인 여성(1950~1977), Library of Congress

뜨리는 것, 걸림돌이 되는 것, 걸려 넘어지게 하는 것, 올가미를 놓는 것을 뜻한다. 예를 들면 가짜 뉴스나 거짓을 퍼뜨려 누군가를 모함하거나 위협하는 것, 누군가를 배제하거나 혐오하게 만드는 것이 여기에 속하는 것 같다. 이런 죽음을 직면하게 하는 말과 글, 몸짓으로 인해 짓눌리며 살아가는 삶이 있다.

이런 시대에 예수께서 '이 작은 자 중 하나를 실족하게' 하는 자라고 지적하실 존재는 누구인가? 누가 '작은 자'이고, 누가 실족하게 하는 자인가? 더 작은 자를 곤경에 빠뜨리는 작은 자들과 큰 자들이 적지 않다. 실족하며 실족케 하며 그렇게 산다. 의도적으로 가짜뉴스를 퍼뜨리는 일은 어제 오늘의 일이 아니다. 그 목표와 결과는 혐오와 배제이다. 거짓이 진실인 양 위세를 떠는 이 시대에, 예수의 이 메시지를 다시 생각한다.

# 37
# 방향 표지판 같은 존재감으로

"너희는 세상의 빛이라 산 위에 있는 동네가 숨겨지지 못할 것이요"
마 5:14

오늘의 시간 여행지도 갈릴리 호수 서편 지역이다. 예수 시대에 갈릴리 호수 서쪽은 갈릴리 지방이었고, 동쪽은 로마화된 특별 도시 연합체인 데가볼리 지경이었다.

마태복음 5장 13~16절을 다시 읽어 보자. 이 이야기를 읽으면서 빛은 어두움을 '밝혀 주는 것'이라 생각하는 경우가 많다. 그것은 옳다. 다만 빛의 몫은 어둠 속에 있는 무언가를 보게 하는 역할만 있는 게 아니다. 빛은 그 존재 자체만으로도, 빛남 자체만으로도 어떤 의미가 있는 것이다.

예수의 이야기에 나오는 '산 위에 있는 동네'는 그저 어디에나 있는, 언덕 위에 있는 동네일까? 아니면 갈릴리 지역 사람이

라면 누구나 알던 동네일까? 이 산 위에 있는 동네는 일반 명사
일 수 있지만, 한편으로는 특정 장소를 뜻하는 고유 명사로 볼
수도 있다. 마치 우리말에 '거시기 뭐시기' 해도 특정 장소를 떠
올리거나 '가가 가가?' 해도 특정 인물임을 다 알아듣는 이들이
있는 것처럼, 당시에도 특정 도시를 떠올리게 하는 '산 위에 있
는 동네'가 있었기 때문이다.

이 메시지를 전하고 듣는 예수와 무리들이 있던 장소는 갈
릴리 호수 서편 지방이라고 했다. 예수 시대에 그 지역에는 봉
화대가 자리하여 밤에도 빛나던 동네가 있었다. 오늘날의 쯔파
트(또는 사페드, Safed)이다. 해발 고도 900미터 정도로 갈릴리 지
역에서 가장 높은 위치에 있던 곳, 그 역사가 기원전 15세기로
거슬러 올라가는 곳, 가장 오래된 도시 중의 하나였던 곳, 새로
운 달이나 명절 같은 시기에 봉화를 올리던 곳, 바로 그 도시 쯔
파트를 말하는 것으로 보면 안 되는 것일까?

일반 명사처럼 보이는 표현이, 성경에서는 특정한 대상을
가리키는 경우가 생각보다 많다. 예수의 말씀을 듣던 갈릴리
사람들처럼, 이 말씀을 주고받던 예수와 무리들처럼 눈앞에 보
였을 바로 그 '동네'와 '산'을 떠올려 본다.

그렇다면 산 위에 있는 동네가 숨겨지지 못한다는 것은 무
슨 뜻일까? 이는 동네를 감추려고 해도 들킬 수밖에 없다는 뜻
이 아니다. 사람들의 눈앞에 대낮처럼 동네가 다 드러난다는

뜻도 아니다. 그저 저기 저곳에 그 동네가 '있다는 것'을 알 수 있다는 말이다. 이 말씀을 읽고 이렇게 묵상하고 고백하는 것도 좋다.

"산 위에 있는 동네를 숨길 수 없는 것처럼, 성도는 말만이 아닌 착한 행실을 보이며 살아야 합니다."

그런데 이 말씀을 여기까지만 읽는 것은 아쉽다. 더욱이 이런 다짐을 예수의 이 말씀으로부터 끄집어내는 것이 자연스럽지 않다. 앞뒤가 맞지 않는다.

자신이 다른 이들 앞에 조명과 주목을 받는다는 것은 이 본문의 진의와 거리가 있다. 만일 밤에 불빛이 새어 나오는 동네가 있다면, 그 동네가 산 위에 있어도, 산 너머에 있어도 그 존재를 알 수 있을 것이다. 이 산 위에 있는 동네는, 그것을 보는 이에게 하나의 방향 표지판이 된다. 마치 자신의 위치를 보여서 뱃길을 알려 주는 등대처럼 말이다. 이렇듯 빛남 그 자체를 자기 존재 의의로 여기는 삶을 떠올려 봐도 좋겠다.

# 38
# 등불을 켜고 비추는 자

"요한은 커서 비추이는 등불이라
너희가 한때 그 빛에 즐거이 있기를 원하였거니와"
요 5:35

2,000년 전 예루살렘으로 시간 여행을 떠나자. 물론 정확히 예루살렘 어느 지역인지는 알 길이 없다. 당시 예루살렘은 로마화된 도시였다. 예루살렘 성전이 있었지만, 성의 2/3 정도는 로마인을 위한 시설이 자리 잡고 있었다. 마차 경주장, 원형극장은 물론이고 로마 제국의 군사 시설, 총독 관저와 같은 통치 시설, 또 대로(카르도)와 상점, 귀족과 부유층이 살던 예루살렘 상부 도시도 따로 있었다. 성전을 제외하면 유대인의 도시가 아니라 로마인의 도시로 보인다.

바로 그곳에서 예수와 유대인이 논쟁을 벌이고 있다. 북쪽 갈릴리 사람인 예수에 대한 지역 차별에 바탕을 둔 거부감도

엿보인다. 이 예수의 자기 변증에 세례 요한이 언급된다. 그가 어떤 존재였기에 예수는 세례 요한을 등불 같다고 이야기하는 것일까? 성경은 세례 요한을 여러 가지 표현으로 소개한다.

먼저는 '신들메 풀기도 감당치 못하는 자'(요 1:27, 개역한글)라는 표현이다. 이것을 그저 세례 요한의 겸손을 표현한 것으로 생각하는 사람들이 적지 않다. 그러나 이것은 겸손의 표현이라기보다는 특별한 역할에 닿아 있는 표현이다.

당시 로마군 장교나 귀족이 신는 신, 샌들은 단순하지 않았다. 끈이 많았다. 그래서 아랫사람이나 종이 이 신들메 즉 신발끈을 묶고 풀어 주는 일을 했다. 그들은 단순한 종이 아니라 주인의 발걸음을 앞서서 준비하는 몫을 하는 존재, 수행 비서 같은 역할을 하는 자였다.

세례 요한을 가리키는 또 다른 표현은 본문의 '켜서 비추이는 등불'(요 5:35)이다. 이것은 어떤 풍경을 그리고 있는가? 낮의 풍경이 아니다. 야외에서 벌어지는 장면도 아니다. 밤 시간에 벌어지는 어떤 장면이 떠오른다. 주인의 발걸음을 돕기 위해 등불을 켜서 주인의 발치를 비춰 주는 존재, 주인을 돕는 종의 모습이다.

등불을 켜서 자기 주인의 앞길을 비춰 주는 수행원의 모습을 사극에서 보곤 한다. 이때 주인의 길을 열어 주는 역할은 아무나 맡는 것이 아니었다. 다시금 일상과 영화, 드라마 속 장면을 떠올려 보자. 사극에서는 "대감마님 행차시다, 물렀거라!" 소리를 내며 주인의 길을 여는 집사의 모습을 본다. 청사초롱 등불을 비추며 왕과 왕비의 길을 앞서가는 내시와 궁녀의 모습도 마주한다. 현대극에서는 회장님 앞에서 길을 트고 차 문을 열어 주는 수행 비서의 몸짓이 생각난다. 이 역할을 하는 이는 겸손한 자, 아무것도 아닌 자가 아니다.

또한 세례 요한은 등불을 켜서 '비춰 주는 자'였다. 그 빛을 보고 그의 제자가 된 이들, 그를 통해 새로운 세상을 꿈꾸던 이들이 많았다. 어둔 현실 속에서도 희망의 불씨를 품게 된 이들이었다. 나아가 그는 예수의 존재를 가리키는 등불이었다. 그 것은 마치 표지판 같은 역할을 떠올리게 한다. 그는 주의 길을 앞서서 준비하는 몫을 다했다. 등불은 표지판이 될 수도 있고, 표적이 되기도 한다. 방향 표지판, 이정표를 보면 길을 가는 나그네가 지금 어디에 있는지, 어디로 가야 하는지, 얼마큼 가야 하는지를 가늠할 수 있다.

세례 요한은 켜서 비추이는 등불로서 이런 역할들을 했다. 멀리서도 가까이서도 그의 존재로 인해 방향을 찾고 삶의 힘을 얻은 이들이 있었다.

그런데 또 다른 면에서 그는 어떤 이들의 표적이 되었다. 불편한 존재이거나 제거할 대상이었다. 가까이 있는 이에 의해서, 멀리서 그를 지켜보는 이에 의해서 그런 표적이 되고 과녁

이 되어 공격을 받았다. 그의 말과 행동은 드러나 있었다. 그가 지적하는 악한 자의 악행도 드러날 수밖에 없었다. 결국 헤롯과 헤로디아의 결혼을 비판했다가, 그는 죽임을 당했다.

어둔 밤에, 어둠이 깊은 밤에 자기 자리를 지키는 별은 길을 가는 나그네의 길잡이가 된다. 그가 있는 위치를 깨닫게 해 주고, 갈 방향을 잡아 준다. 어떻게 가야 할지 알려 주지는 못해도 나그네가 어디에 있는지 어디로 가야 할지는 말해 준다. 하늘에 떠 있는 별은 밤길을 가는 누군가에게 방향을 알려 준다. 산 위에 있는 동네는 길을 찾는 누군가에게 나침반이 되어 준다. 등불을 켜면 그 빛은 이렇듯 사람들에게 제 몫을 한다.

우리의 삶이, 우리를 추종하는 이가 없을 지라도, 우리의 존재로 인해 누군가가 길을 찾는데 도움을 얻고 즐거워할 수 있다면 그것도 기쁜 일이다. 누군가보다 한 발, 아니 반 발 앞서 가며 길을 비춰 주는 삶, 그것도 즐거운 일이다.

# 39
# 집 안 모든 사람에게 비치느니라

"사람이 등불을 켜서 말 아래에 두지 아니하고 등경 위에 두나니
이러므로 집 안 모든 사람에게 비치느니라"

마 5:15

등불, 워싱턴 DC 성경박물관

집 안에서 등불을 켜는 것은 사람들을 직접 비추기 위한 것이 아니다. 등불을 켜면 집 안이 밝아진다. 그 빛 덕분에 그 집 안에 있는, 그리고 그 방에 있는 사물과 사람을 사람들이 구별할 수 있게 된다. 그것을 두고 집 안 모든 사람에게 비춘다고 표현하는 것이다. 그곳에 있는 모든 이들이 같은 유익을 누릴 수 있다고 소개하는 것이다.

그런 점에서 등잔을 가진 이는 그것을 자기 혼자만 누릴 권리가 없다. 등불을 켜는 것이나 사람에게 비춰 주는 것 모두는 공적 신앙으로 볼 수 있다. 즉 등불은 개인의 것이 아니라 함께 누려야 하는 공유 재산이라고 말할 수 있다. 그래서 예수는 등불을 켜서 등 받침대(등경) 위에 두라고 한다. 등불이 최대로 넓게 빛을 비추어 두루두루 밝혀 주라는 것이다.

하나님께서 어떤 개인이나 공동체에 주신 은혜는 이런 등잔과 같다. 누군가를 섬기기 위해 주어진 것일 수 있다. 이것은 해도 되고 안 해도 되는 그런 것이 아니다. 누구에게는 베풀고 누구는 제외하는 그런 선택권을 행사할 수 있는 것도 아니다. 햇빛과 달빛 그리고 별빛이 모든 이에게 비춰듯이, 등불도 그곳에 모인 이들 모두에게 비추는 것이다.

때때로 어떤 이들은 이 등불을 배타적인 것으로 생각한다. '자신들만' 누리려고 한다. 등불은 그릇으로 덮거나 빛이 새나가지 않도록 막지 않는다면, 자연스레 주변을 밝힌다. 그럼에

도 빛을 다른 이가 보지 못하도록 감추는 일들이 있다. 스스로
는 빛의 자녀라 외치면서, 빛을 보지 못하는 이들을 어둠의 자
식이라고 비아냥거리기도 한다. 빛, 세상의 빛, 사람들에게 그
빛을 비추는 몫을 잃어버린 삶이다. 이것은 역할을 오해한 것
이고, 권한을 남용한 것이다. 책임을 버린 것이다. 우리가 가진
빛을 우리가 사는 자리의 모든 사람에게 비춰야 한다. 우리는
세상의 빛이다.

등불은 스스로를 태우면서 그 존재 가치를 지킨다. 만약 등
불이 자신이 아닌 다른 존재를 태운다면, 이것은 재앙이다. 화
근이다. 이럴 때 이 불(빛)은 누군가의 삶의 의욕을 불사른다.
희망의 끈을 태워 버린다. 마귀 같은 존재, 화마가 된다. 이 화
마는 아무 것이나 삼키고 불태워 사라지게 만든다. 누군가의
일상과 삶을 집어 삼킨다. 지난날과 지금 그리고 아직 오지 않
은 내일까지 다 태워 버린다.

스스로를 불태우는 등불이 아니라 다른 누군가를 불태우는
삶을 살면서, 스스로 세상의 빛이라 말하지 말자. 불을 켜라고,
그 빛을 사람들에게 비추라고 말하는 주님의 요청에 다시 눈
길을 두자. 발광(發狂)하지 말고 불을 켜는 삶을 살자. 불태우지
않고 불타는 삶을 살자. 하나님이 우리에게 주신 꿈을 불꽃 삼
아서, 성령의 기름을 가득 채우고, 주어진 말씀을 심지 삼아, 꺼
지지 않고 불을 밝히는 일상을 살자.

그리스도인은 세상의 빛, 사람들의 빛, 이방인의 빛이라는 정체성을 가진 사람들이다. 이는 방향을 알려 주는 표지판과 같은 역할이지만, 동시에 누군가의 공격을 받고 위협을 감수하는 일이기도 하다. 때로는 그런 위협이나 적대적인 시선이 싫어서 빛을 감추려고 한다. 남이 그 빛을 볼 수 없도록 가리기도한다. 그 따가운 시선이 싫고 고통스러울 때도 있지만, 그 존재감을 감추지 말자. 내가 돋보이지 않아도 누군가가 그 빛으로 길을 찾고 자기 자리를 알고 또 살아갈 수 있다면, 우리는 잘 사는 것이다.

"우리는 세상의 빛이다."

한밤중에 아기 예수, 경배하는 동방박사, 1886~1894, James Tissot, 브룩클린 박물관

1. 엠마오에서의 저녁 식사, 1628, Rembrandt
2. 천사의 격려를 받는 예수, 1886~1894, James Tissot
3. 예수에게 사형 선고를 내리는 무리들, 1886~1894, James Tissot

| 1 |
| 2 |
| 3 |

질문이 많은 책은 불편하다. 의심하지 않았고, 질문할 생각조차 않았던 내용이 정말 그러하냐고 물으면 당황한다. 불편한 질문 앞에서 우리는 그렇지 않다고 무조건 반대하고 싶어진다. 그러나 좋은 선생은 질문으로 마음을 흔든다. 좋은 부모는 명령하지 않고 자녀가 잘 선택하도록 질문으로 안내한다.

저자는 질문하는 사람이다. 우리가 당연하다고 생각한 바가 과연 그러한가 상고하게(행 17:11) 만든다. 특히 이 책은 성경에서 말하는 등잔과 기름, 지형과 위치, 거리와 풍경을 보여 주며 마음을 흔든다. 그동안 믿었던 내용이 정말 그러하냐며! 당시 사람들 눈으로 성경을 새롭게 보게 해 준다. - 권일한 | 교사

그랬다. 이 책은 질문은 많은데, 마음에 드는 답을 속시원하게 제시하지 못하는 책일 수 있다. 그래서 지금 이 글을 읽고 있는 여러분이 고맙다. 저자와 함께 성경 이야기 속으로 시간 여행을 다녀왔다.

이야기를 마무리하면서, 질문을 던져 본다. 다음 그림을 차분하게 살펴보자. 이 그림에서 느껴지는 것은 무엇인가? 내게 익숙한 예수 탄생 풍경과 어떤 면에서 닮았는가? 또 다른 느낌으로 다가오는 것은 있는가? 무엇이, 어떻게, 왜 다른가?

들판은 지금도 불빛을 보기 힘들다. 그야말로 사람 사는 것 같지도 않다. 그 옛날은 어떠했겠는가? 밤이면 오고 가는 사람 구경도 하기 힘든 곳, 불도 없는 곳이었다.

아기를 받아 본 적이 없는 한 남자, 그리고 첫 아기를 낳는 어린 소녀는 해

산의 고통을 어떻게 느꼈을까? 어둡기만 한 곳에, 어두운 앞날만이 예상되는 갓난아이가 태어났다. 그 아이를 바라보는 두 사람의 시선을 떠올려 보자.

그렇다. 예수는 세상의 빛으로 오셨다. 그러나 그는 어두운 시대, 어둠 가운데, 어둠의 자식으로 취급받을 수 있는 완벽한 조건을 갖고 태어났다. 악한 평판으로 시달리며 살던 목자만이 유일한 축하객이었다. 참 그렇다. 이것이 세상의 빛으로 오신 예수의 탄생 이야기이다.

목자의 예수 탄생 축하, 1657, Rembrandt

# 실체와 실제인
# 등불을 기대하며

"등잔을 소재로 읽을 성경 이야기가 그렇게 많나?" 이 책에 담을 글을 쓸 때, 이런 질문을 받았다. 그랬다. 성경 속 등잔, 등불을 다시 읽으면서 빛의 존재감이나 등불을 마냥 화려한 것으로만 생각하던 나의 오해를 깨달았다. 화려함의 상징이 아니었다는 것, 때로는 익명성을 뜻한다는 것을 알게 되었다.

나는 이 책에서 일상을 비춰 주던 등잔으로부터 이야기를 시작했다. 빛을 밝히는 우리의 삶은 곧 하나님의 창조 사역에 닿아 있음을 나누고 싶었다. 태초에 창조주 하나님은 빛을 지으셨다. 그 하나님은 우리에게 세상의 빛이 되라, 이방의 빛이 되라, 빛을 비추라 말씀하신다. 우리가 기름이 떨어져 꺼지지

두세 사람이 예수님의 이름으로 모인 곳에 함께하리라,
1886~1894, James Tissot, 브룩클린 박물관

않도록 채워 주셨다. 그 빛이 땅에 육신을 입고 땅을 비췄다. 사람들을 비췄다. 어둠을 비추었다. 그곳에도 사람이 있음을, 이도 사람임을 드러냈다. 악한 자의 악행을 폭로했다.

그 예수께서 우리에게 빛을 비추라 하신다. 빛이 되는 것이 아니라 빛 된 존재의 존재감, 아니 몫을 하라고 격려한다. 다시 말하지만 빛 되신 하나님의 창조 사역과 빛 된 존재로 살아가는 우리의 삶은 서로 잇닿아 있다. 누군가의 발치를 비춰 주는 우리의 소소한 삶도 거대한 창조 사역인 것이다.

최은 작가는 내가 이 책에 담고자 한 것을 아주 제대로 짚어 주고 있다.

"성경의 빛에 대해 쓰면서 '빛이 있으라'는 태초의 장엄한 명령 또는 명분과 당위로 시작하는 대신 손에 잡히는 작은 등잔불을 이 시간 여행의 출발지로 삼은 점이 탁월하다. 그러면서 저자는 '너희는 세상의 빛'이라는 선언은 '존재'가 아니라 '역할' 이라고 단언한다. 어둠과 결코 함께할 수 없어서, 스스로를 불태워 온갖 어둠을 몰아내는 세상천지 광명이나 '슈퍼스타'가 아니라, 어둠 가운데 존재하며 묵묵히 코앞의 주변을 밝힐 뿐인 등잔불. 그럼에도 빛은 빛이어서 그 존재를 숨길 수 없으므로, 나그네에게 기어이 이정표가 되고 온기가 되고야 마는 것, 스스로 주목받기보다는 바로 옆의 존재를 눈에 띄게 하는 것이 바로 이 작은 불빛의 역할이다. 하여 이 책을 읽다 보면, 그런 빛이라면 나도 해볼 수 있을 것 같다고, 소심한 영혼이 위로와 용기를 얻게 된다. 빛의 자녀로 살기 위해 용기가 필요한 모든 이들과 함께 읽고 싶은 책이다."

성경 속 사람들은 무척 직관적이고 실제적인 사물과 그 사물에 닿아 있는 그림 언어를 주고받았다. 이 책을 읽으면서, 성경 읽기가 다른 누군가의 말과 글을 읽고 받아들이고 활용하는 단순한 몸짓을 벗어날 필요가 있음을 느낄 수 있으면 좋겠다. 영화나 드라마가 좋아서 드라마 속 촬영 장소조차 찾아가는 열심을 못 낼 망정, 성경 속 사물과 무대에 대한 온라인 접근이라도 하고자 하는 마음이 더 생겼으면 좋겠다.

1세기 배경으로 성경을 다시 읽으려는 말과 글이 이전에 비한다면 많아졌다. 반갑고 고맙다. 배리 베이첼의 『LEXHAM 성경 지리 주석』(죠이북스)이나 피터 워커의 『예수의 발자취를 따라서』, 『바울의 발자취를 따라서』(CUP) 같은 책을 추천한다. 데이비드 그레고리가 쓴 『예수와 함께한 복음서 여행 내 깊은 갈망의 답을 찾아서』(포이에마)처럼, 성경을 입체적으로 읽는 것이 무엇인지 더 맛보았으면 좋겠다. 저자가 펴낸 『오감으로 성경읽기』(포이에마)는 질문하는 용기와 시선을 제안하고 있다. 그

외에도 다양한 자료와 문헌의 도움을 받아 성경을 보다 입체적으로 느껴 보려는 노력이 더 생겼으면 좋겠다. 나는 이 책의 독자 가운데, 성경 실물 교육에 관심을 갖거나 속한 교회나 학교에 성경 문화 체험 학습실을 만드는 이가 나오길 소망한다.

이 책이 나오기까지 수고한 분들에게 고마움을 전한다. 책을 기획하고 편집하고 디자인하고 인쇄하고 제본하고 배본하고 홍보하는 모든 과정이 없다면 이 책이 여러분과 나를 이어 주지 못했을 것이다. 샘솟는기쁨의 강영란 대표와 이진호 이사에게 특별한 고마움을 전한다. 또 이 책을 사이에 두고, 등불을 밝혀 들고 나와 성경 속 시간 여행을 함께 한 여러분에게 감사를 전한다.

## 참고 및 추천 문헌

● 고대 등잔 이해하기

Bailey, Donald M. (1963). Greek and Roman Pottery Lamps. Trustees of the British Museum.

Bailey, Donald M. (1975). A Catalogue of the Lamps in the British Museum 1_ Greek, Hellenistic, and Early Roman Pottery Lamps 1. British Museum Publications Limited.

Bailey, Donald M. and British Museum. (1980). A catalogue of the lamps in the British Museum. Vol. 22 (the Trustees of the British Museum, British Museum Publications.

Bailey, Donald M. Bird, Susan. and Hughes, Michael J. (1988). A catalogue of the lamps in the British Museum. III, Roman provincial lamps (British Museum Publications.

Broneer, O. (1930). Terracotta lamps. Corinth, 4(2), 340.

Cambridge University Press. 2012.

Dobbins, J. J. & Hayes, J. W. (1982). Ancient lamps in the royal ontario museum 1: greek and roman clay lamps

Frecer, Gerulata Robert. (2015). The Lamps_ A Survey of Roman Lamps in Pannonia. Karolinum Press, Charles University).

Frecer, R. (2015). Gerulata : the lamps : roman lamps in a provincial context (First). Charles University in Prague, Karolinum Press.

Frecer, R. (2015). Gerulata lamps : a survey of roman lamps in pannonia. Karolinum.

Goldstein, S. M. (1969). A terracotta lamp in the mcdaniel collection. Harvard Studies in

Classical Philology, 73, 291-303.

Hendin, David B. (2002). "A Bar Kokhba Lamp Hoard Collection." Israel Numismatic Journal 14 (2000-2) 180-114.

J. Paul Getty Museum, Bussière Jean, & Wohl, B. (2017). Ancient lamps in the J. Paul Getty museum (First, Ser. Getty publications virtual library). J. Paul Getty Museum.

Jane Hackbarth Leslie, Royal Ontario Museum,, Ancient Lamps in the Royal Ontario Museum 1: Greek and Roman Clay Lamps, Royal Ontario Museum, 1980.

John Lund, "Lamps found at Isthmia between 1967 and 2004 - BIRGITTA LINDROS WOHL, ISTHMIA. EXCAVATIONS BY THE UNIVERSITY OF CALIFORNIA AT LO." Journal of Roman Archaeology 2020-oct 05 vol. 33| (2020).

Magness, J. & Magness, J. (2011). Stone and dung, oil and spit : jewish daily life in the time of jesus. William B. Eerdmans Pub.

Metropolitan Museum of Art (New York, N.Y.), Lightfoot, C. S. & Hollein, M. (2021). The cesnola collection of cypriot art (Vol. , terracotta oil lamps /). Metropolitan Museum of Art.

Oscar Broneer, Terracotta Lamps (Corinth vol.4.2), the American school of classical studies at Athens, Harvard University Press, 1930.

Perlzweig, J. (1961). Lamps of the roman period: first to seventh century after christ. The Athenian Agora, 7, 240.

Robert Houston Smith. "The Household Lamps of Palestine in New Testament Times." (3), The Biblical Archaeologist Vol. 29, N.1 (Feb., 1966), 1-27.

Robert Houston Smith. "The Household Lamps of Palestine in Old Testament Times." (1), The Biblical Archaeologist Vol. 27, N.1 (Feb., 1964), 1-32.

Robert Houston Smith. "The Household Lamps of Palestine in Old Testament Times." (2), The Biblical Archaeologist Vol. 27, N.1 (Dec., 1964), 1-24.

Robert, F. F. (1901). Gerulata: the lamps: a survey of roman lamps in pannonia. Karolinum.

Society for the Promotion of Roman Studies.

Sussman, V. (1982). Ornamented jewish oil lamps : from the destruction of the second temple through the bar-kokhba revolt. Aris & Phillips.

Sussman, V. (2007). Oil-lamps in the holy land : saucer lamps : from the beginning to the hellenistic period : collections of the israel antiquities authority (Ser. Bar international series, 1598). Archaeopress.

Sussman, V. (2007). Oil-lamps in the holy land : saucer lamps : from the beginning to the hellenistic period : collections of the israel antiquities authority (Ser. Bar international series, 1598). Archaeopress.

Sussman, V. (2009). Greek and hellenistic wheel- and mould-made closed oil lamps in the holy land : collection of the israel antiquities authority (Ser. Bar international series,

2015). Archaeopress.

Sussman, V. & Archaeopress. (2017). Late roman to late byzantine/early islamic period lamps in the holy land : the collection of the israel antiquities authority (Ser. Archaeopress archaeology). Archaeopress Publishing.

The American School of Classical Studies at Athens. (1930). Corinth: results of excavations (Vol. 4, pt. 2, terracotta lamps).

The Journal of Roman Studies, Vol. 70 (1980), 126-145.

William Vernon Harris, Roman Terracotta Lamps_ The Organization of an Industry.

Wright, George Ernest. (1939). Lamps, Politics, and the Jewish Religion, [The Biblical Archaeologist 1939-may vol. 2 iss. 2] (1939). 22-24.

## ● 고대 근동의 배경 읽기

Dever, William G. 데버, 윌리엄 G. (2020). 이스라엘의 기원. (양지웅, 역). 삼인.

Dever, William G. 데버, 윌리엄 G. (2022). 고대 이스라엘 사람들은 어떻게 살았을까, [The Lives of Ordinary People in Ancient Israel: Where Archaeology and the Bible Intersect]. (양지웅, 역). 삼인. (원서 2012 출판)

Eaton, Katherine. (2013). Ancient Egyptian Temple Ritual: Performance, Patterns, and Practice: Routledge Studies in Egyptology 1, Routledge.

Frankfort, Henri. (2012). Ancient Egyptian Religion. Courier Corporation.

Gunkel, Hermann. 궁켈, 헤르만. (2020). 창세기 설화, [Die Sagen der Genesis]. (진규선, 역). 감은사. (원서 1901 출판)

Keel, Othmar. (1978). The symbolism of the biblical world : ancient near eastern iconography and the book of psalms. Seabury Press.

Keel, Othmar. (1994). The song of songs : a continental commentary (1st Fortress Press, Ser. Continental commentaries). Fortress Press.

Keel, Othmar. (1997). The symbolism of the biblical world : ancient near eastern iconography and the book of psalms. Eisenbrauns.

Keel, Othmar. (1998). Goddesses and trees, new moon and yahweh : ancient near eastern art and the hebrew bible (Ser. Journal for the study of the old testament. supplement series, 261). Sheffield Academic Press.

Keel, Othmar. (2017). Jerusalem and the one god : a religious history. (M. McClean, Trans., B. A. Strawn, Ed.). Fortress Press.

Keel, Othmar. and Schroer, S. (2015). Creation : biblical theologies in the context of the ancient near east. (P. T. Daniels, Trans.). Eisenbrauns.

Keel. Othmar, Uehlinger. C. Arbeitsgemeinschaft der Deutschsprachigen Katholischen Alttestamentlerinnen und Alttestamentler, Keel, O. & Arbeitsgemeinschaft der

Deutschsprachigen Katholischen Alttestamentler und Alttestamentlerinnen. (1998). Gods, goddesses, and images of god in ancient israel. (T. H. Trapp, Trans.). Fortress Press.

Killen, G. (2017). Ancient egyptian furniture (Volume iii, ramesside furniture). Oxbow Books.

McCurley, Foster R. 맥컬리, 포스터 R. 고대근동의 신화와 성경의 믿음: 성경이 수용한 고대근동 신화, [Ancient Myths and Biblical Faith: Scriptural Transformations]. (주원준, 역). 감은사. (원서 1981 출판)

Mertz, B., & Mertz, B. (1964). Temples, tombs, and hieroglyphs: the story of egyptology (Ser. A delta book). Dell Pub.

Price, Campbell. 프라이스, 캠벨. (2020). 품위 있고 매혹적인 고대 이집트 전 세계의 박물관 소장품에서 선정한 유물로 읽는 문명 이야기, [ Pocket Museum: Ancient Egypt ]. (김지선, 역). 성안북스. (원서 2018 출판)

Ryan, Donald P. 라이언, 도널드 P. (2019). 이집트에서 24시간 살아보기 3000년 전 사람들의 일상으로 보는 진짜 이집트 문명 이야기, [24 Hours in Ancient Egypt: A Day in the Life of the People Who Lived There]. (이정민, 역). 매일경제신문사. (원서 2022 출판)

Sabbahy, Lisa K. (2019). All Things Ancient Egypt [2 Volumes] : An Encyclopedia of the Ancient Egyptian World. Greenwood.

Shafer, B. E., Arnold, D., Arnold, D. and Shafer, B. E. (1997). Temples of ancient egypt. Cornell University Press.

Spalinger, A. J. (2005). War in ancient egypt : the new kingdom (Ser. Ancient world at war). Blackwell Pub.

Spence, Lewis. (1990). Ancient Egyptian myths and legends. Dover Publications.

Teeter, E. and Cambridge University Press. (2011). Religion and ritual in ancient egypt. Cambridge University Press.

Veldmeijer André J & Ikram, S. (2017). Chariots in ancient egypt : the tano chariot : a case study. Sidestone Press.

Wilkinson, Richard H. (2000). The Complete Temples of Ancient Egypt. Thames Hudson.

近藤二郎, 곤도 지로. (2022). 고대 이집트 해부도감, [古代エジプト解剖圖鑑]. (김소영, 역). 더숲. (원서 2020 출판)

김동문. (2018). 중근동의 눈으로 읽는 성경 (구약편) 낮은 자의 하나님을 만나는, 선율.

김산해. (2020). 최초의 신화 길가메쉬 서사시, 휴머니스트.

유성환. "멤피스 창세신화 - 발화를 통한 창조행위의 비교종교학적 의미" 종교와 문화 no.31(2016), 163-230.

주원준. (2018). 구약성경과 신들. 한님성서연구소.

주원준. (2021). 구약성경과 작은 신들 그리스도교 신앙의 뿌리에서 발견한 고대근동 신화와 언어의 흔적들. 성서와함께.

주원준. (2022). 인류 최초의 문명과 이스라엘 고대근동 3천 년. 서울대학교출판문화원.

트라사르, 프랑수아. (2005). 파라오시대 이집트인의 일상. (강주헌, 역). 북폴리오.

Pritchard, James B. 제임스 B. 프리처드. 고대근동 문학선집(THE ANCIENT NEAR EAST : An Anthology of Texts & Pictures). 기독교문서선교회(CLC).

도미닉 크로산. 비유의 위력. 한국기독교연구소. 2012.

## ●고대 그리스 로마의 배경 읽기

Bailey, Kenneth E. 베일리, 케네스 E. (2017). 지중해의 눈으로 본 바울, [Paul Through Mediterranean Eyes: Cultural Studies in 1 Corinthians]. (김귀탁, 역). 새물결플러스. (원서 2011 출판)

Beers, Holly. (2019). A Week In the Life of a Greco-Roman Woman. IVP Academic.

Burge, Gary M. (2015). A Week in the Life of a Roman Centurion. IVP Academic.

Byron, John. (2019). A Week in the Life of a Slave. IVP Academic.

deSilva, David A. 드실바, 데이비드 A. (2021). 에베소에서 보낸 일주일 1세기 그리스도인은 요한계시록을 어떤 의미로 읽었을까? [A Week In the Life of Ephesus]. (이여진, 역). 이레서원. (원서 2020 출판)

Gaventa, Beverly Roberts. 가벤타, 비벌리 로버츠. (2021). 로마서에 가면, [When in Romans: An Invitation to Linger with the Gospel according to Paul]. (이학영, 역). 도서출판 학영. (원서 2018 출판)

Hengel, Martin. 헹엘, 마르틴. (2020). 초기 기독교의 사회경제사상, [Property and Riches in the Early Church: Aspects of a Social History of Early Christianity]. (이영욱, 역). 감은사. (원서 1998 출판)

Knapp, Robert. 냅, 로버트. (2012). 99%의 로마인은 어떻게 살았을까? - 로마의 보통 사람들. [Invisible Romans: Prostitutes, Outlaws, Slaves, Gladiators, Ordinary Men and Women... The Romans That History Forgot]. (김민수, 역). 이론과 실천. (원서 2011 출판)

Matyszak, Philip. (2022). 24 Hours in Ancient Athens: A Day in the Life of the People Who Lived There. Michael O'Mara.

Matyszak, Philip. 마티작, 필립. (2018). 로마에서 24시간 살아보기 - 2000년 전 로마인의 일상을 들여다보는 생활 밀착형 문화사, [24 Hours in Ancient Rome: A Day in the Life of the People Who Lived There]. (이정민, 역). 매일경제신문사2018-06-20제제 : 24 Hours In Ancient Rome. (원서 2017 출판)

Papandrea, James L. 파판드레아, 제임스 L. (2021). 로마에서 보낸 일주일 1세기 로마에서 그리스도를 따른다는 것, [A Week in the Life of Rome]. (오현미, 역). 북오븐. (원서 2019 출판)

Ryan, Garrett. (2023). Insane Emperors, Sunken Cities, and Earthquake Machines: More Frequently Asked Questions about the Ancient Greeks and Romans, Prometheus. 출간

예정

Ryan, Garrett. 라이언, 개릿. (2022). 거꾸로 읽는 그리스 로마사 신화가 아닌 보통 사람의 삶으로 본 그리스 로마 시대, [Naked Statues, Fat Gladiators, and War Elephants: Frequently Asked Questions about the Ancient Greeks and Romans]. (최현영, 역). 다산초당(다산북스). (원서 2021 출판)

Theißen, Gerd. 타이센, 게르트. (2019). 갈릴래아 사람의 그림자 이야기로 본 예수와 그의 시대, [Der Schatten des Galilaers: Jesus und seine Zeit in erzahlender Form]. (이진경, 역). 비아. (원서 1986 출판)

Van Iersel, B. (1996). The Sun, Moon, and Stars of Mark 13,24-25 in a Greco-Roman Reading. Biblica, 77(1), 84-92.

Witherington III, Ben. (2017). A Week in the Fall of Jerusalem. IVP Academic.

Witherington III, Ben. 위더링턴 3세, 벤. (2020). 고린도에서 보낸 일주일 바울 사역의 사회적, 문화적 정황 이야기, [A Week in the Life of Corinth]. (오현미, 역). 이레서원. 2012.

조재형. (2021). 그리스-로마 종교와 신약성서 그리스도교의 기원에 대한 사상사. 감은사

### ● 역사와 지리 배경 읽기

김진산. (2020). 역사와 지리로 만나는 성경이야기 : 구약편 - 전2권. 이야기books

김진산. (2020). 역사와 지리로 만나는 성경이야기 : 신약편 - 전2권. 이야기books

Walker, Peter. 피터 워커. (2022). 예수의 발자취를 따라서, [In the Steps of Jesus]. (박세혁, 역). 도서출판CUP(씨유피). (원서 2007 출판)

Walker, Peter. 피터 워커. (2023). 바울의 발자취를 따라서, [In the Steps of Saint Paul]. (박세혁, 역). 도서출판CUP(씨유피).

Beitzel, Barry J. 배리 베이첼. (2021). LEXHAM 성경 지리 주석 : 사복음서 탄생부터 부활까지 예수의 삶과 가르침을 따라 읽는 사복음서 지리 주석, [Lexham Geographic Commentary on the Gospels (LGC)]. (김태곤, 역). 죠이북스. (원서 2018 출판)

Beitzel, Barry J. 배리 베이첼. (2022). LEXHAM 성경 지리 주석 : 사도행전에서 요한계시록까지 - 초기 기독교 교회의 시작과 성장의 흐름을 따라 읽는 사도행전과 서신서 지리 주석, [Lexham Geographic Commentary on Acts through Revelation (LGC)]. (김태곤, 역). 죠이북스. (원서 2019 출판)

### ● 문학, 인문학적 이해

Ong, Walter J. 옹, 월터 J. (2018). 구술문화와 문자문화, [Orality and Literacy]. (임명진, 역). 문예출판사. (원서 2012 출판)

Ska, Jean-Louis. 스카, 장 루이. (2013). 우리 선조들이 전해준 이야기 구약성경의 설화 분석
입문. (염철호 외, 역). 성서와함께.

Ska, Jean-Louis. 스카, 장 루이. (2016). 인간의 이야기에 깃든 하느님의 말씀. (박문수, 역).
성서와함께.

Ska, Jean-Louis. 스카, 장 루이. (2021). 잉크 한 방울, [Una goccia d'inchiostro. Finestre sul
panorama biblico ]. (박문수, 역). 성서와함께. (원서 2008 출판)

김용규. (2019). 그리스도인은 왜 인문학을 공부해야 하는가? 신학과 인문학의 대화. IVP.

김학철. (2022). 성스러움과 아름다움이 입 맞출 때 성서로 그림 읽기, 그림으로 성서 보기.
비아.

박양규. (2021). 인문학은 성경을 어떻게 만나는가 - 텍스트로 콘텍스트를 사는 사람들에게.
샘솟는기쁨.

이정일. (2020). 문학은 어떻게 신앙을 더 깊게 만드는가 시와 소설과 그리스도인. 예책.

## ●사회, 문화적 이해

Bailey, Kenneth E. 베일리, 케네스 E. (2013). 십자가와 탕자, [The Cross and the Prodigal:
Luke 15 Through the Eyes of Middle Eastern Peasants]. (최인철, 역). 킹덤북스. (원서
2005 출판)

Bailey, Kenneth E. 베일리, 케네스 E. (2016). 중동의 눈으로 본 예수 - 고대 중동의 삶,
[Jesus Through Middle Eastern Eyes: Cultural Studies in the Gospels]. 역사, 문화를 통해
본 복음서. (박규태, 역). 새물결플러스. (원서 2008 출판)

Bailey, Kenneth E. 베일리, 케네스 E. (2017). 중동의 눈으로 본 예수님의 비유, [Poet and
Peasant and Through Peasant Eyes: A Literary-Cultural Approach to the Parables in
Luke]. (오광만, 역). 이레서원. (원서 1983 출판)

Burge, Gary M. (2010). Encounters with Jesus. Zondervan Academic.

Burge, Gary M. (2012). Bringing Jesus to the Desert. Zondervan Academic.

Burge, Gary M. (2012). Finding the Lost Images of God. Zondervan Academic.

Burge, Gary M. (2012). Jesus and the Jewish Festivals. Zondervan Academic.

Burge, Gary M. 벌지, 게리 M. (2012). 성경, 그리고 땅 - 고대 문화 속에 숨겨진 성경의
진정한 의미 발견 중동의 문화로 본 성경 1, [The Bible and the Land]. (안창선, 역). 다윗.
(원서 2009 출판)

Burge, Gary M. 벌지, 게리 M. (2012). 예수, 중동의 이야기꾼 - 고대 문화 속에 숨겨진
성경의 진정한 의미 발견 중동의 문화로 본 성경 2, [Jesus, the Middle Eastern
Storyteller]. (홍성수, 역). 다윗. (원서 2009 출판)

Desilva, David A. 드실바, 데이비드 A. (2019). 문화의 키워드로 신약성경 읽기 명예, 후원,
친족, 정결 개념 연구, [Honor, Patronage, Kinship, and Purity: Unlocking New
Testament Culture]. (김세현, 역). 새물결플러스. (원서 2000 출판)

Dick, Michael Brennan. (1999). Born in Heaven, Made on Earth: The Creation of the Cult Image in the Ancient Near East. Eisenbrauns.

Hundley, Michael B. (2013). Gods in Dwellings: Temples and Divine Presence in the Ancient Near East. Society of Biblical Literature.

Key, Andrew F. (1965). Traces of the Worship of the Moon God Sîn among the Early Israelites. Journal of Biblical Literature 1965-mar vol. 84 iss. 1.

Levine, Amy-Jill. 레빈, 에이미질 (2022). 예수의 어려운 말들 그분의 이해할 수 없는 말씀 속으로. [The Difficult Words of Jesus: A Beginner's Guide to His Most Perplexing Teachings]. (윤종석, 역). 바람이불어오는곳. (원서 2021 출판)

Stegemann, Ekkehard W. and Stegemann, Wolfgang. 슈테게만, 볼프강. 슈테게만, 에케하르트. (2012). 초기 그리스도교의 사회사 - 고대 지중해 세계의 유대교와 그리스도교. [Urchristliche Sozialgeschichte]. (손성현, 김판임, 공역). 동연출판사. (원서 1995 출판)

Walls, Neal H. (2005). Cult Image and Divine Representation in the Ancient Near East (ASOR Books). American Schools of Oriental Research.

강승일. (2011). 고대 이스라엘의 달신 숭배와 그 배경. 구약논단. 42, 146-166.

강승일. (2015). 고대 이스라엘의 신상과 신상의 입을 여는 의식. 구약논단. 21(3), 156-183.

강승일. (2017). 성경의 증거로 본 이스라엘의 반형상주의. 한국기독교신학논총. 104, 9-29.

강승일. (2017). 야훼의 이동식 신상으로서의 하나님의 궤. 신학사상. 176, 35-62.

기민석. (2013). 구약의 뒷골목 풍경 - 고대 이스라엘 사람들의 문화와 삶. 예책.

김동문. (2019). 중근동의 눈으로 읽는 성경 (신약편) 낮은 자의 예수님을 만나는. 선율.

## ●입체적 성경읽기

Gregory, David. 그레고리, 데이비드. (2017). 예수와 함께한 복음서 여행 내 깊은 갈망의 답을 찾아서. [Open: Get Ready for the Adventure of a Lifetime]. (최종훈, 역). 포이에마. (원서 2016 출판)

Heiser, Michael S. 하이저, 마이클. (2021). 안경 없이 성경 읽기. [The Bible Unfiltered]. (김태형, 역). 좋은씨앗. (원서 2017 출판)

Peterson, Eugene H. 피터슨, 유진. (2018). 이 책을 먹으라. [ Eat This Book]. (양혜원, 역). IVP. (원서 2009 출판)

Pitzele, Peter A. 핏젤, 피터. 비블리오드라마로의 초대 성경을 여는 창. [Scripture Windows: Toward a Practice of Bibliodrama]. (고원석, 역). 한국장로교출판사(한장사). (원서 1998 출판)

Trible, Phyllis. 트리블, 필리스. 수사비평 역사, 방법론, 요나서. [Rhetorical Criticism (Guides to Biblical Scholarship): Context, Method, and the Book of Jonah]. (유연희, 역).

　　알맹e. (원서 1995 출판)

강화구. (2020). 성경 내러티브 읽기 구약 성경을 중심으로. 총회출판국(대한예수교장로회).

강화구. (2022). 아브라함 내러티브 설교 약속을 따라 걷는 삶. 다함(도서출판).

기민석. (2019). 성경 속 공감 이야기. 디사이플.

김동문. (2014). 오감으로 성경 읽기. 포이에마.

문장환 외. (2022). 성경에 나타난 공간과 시간, 어떻게 설교할 것인가?.

　　SFC출판부(학생신앙운동출판부).